# Sumário

# 1. INTRODUÇÃO

Em 2017, a CIA[1] (Agência Central de Inteligência, em tradução livre) dos Estados Unidos da América (EUA) disponibilizou na internet arquivos que comprovavam a existência de programa que utilizou, desde a década de 1970 até meados da década de 1990, espiões que deveriam obter, usando apenas a mente, informações secretas de alvos escolhidos pelo governo dos EUA. Os documentos já eram públicos desde meados de 2001, tendo alguns sido liberados ainda na década de 1990, mas acessíveis apenas pessoalmente, diante de determinados computadores que continham os dados. Notícia da BBC Brasil continha o título "CIA libera 13 milhões de documentos secretos que incluem relatos sobre óvnis e experiências psíquicas"[2] e a agência Sputnik perguntava: "Agentes secretos em Júpiter: por que CIA

---

[1] **Welcome to the CIA Web Site — Central Intelligence Agency**
**Cia.gov.** Disponível em: <https://www.cia.gov/index.html>. Acesso em 02 de julho de 2018.
[2] **CIA libera 13 milhões de documentos secretos que incluem relatos sobre óvnis e experiências psíquicas.** Disponível em: <https://www.bbc.com/portuguese/internacional-38666169>. Acesso em 02 de julho de 2018.

<u>contratou parapsicólogo lendário?"</u>[3]. Tais notícias traziam à tona comprovações documentais sobre relatos que já existiam em diversos livros, incluindo aqueles que tinham como autores os citados em tais notícias. Uma dessas pessoas citadas foi Ingo Swann: o parapsicólogo e dotado (ou seja: pessoa com poderes extraordinários)[4] que criou a técnica de Visão Remota e a disponibilizou para a CIA, inicialmente, e para os militares dos EUA (sob responsabilidade da DIA[5] – Agência de Inteligência de Defesa, em tradução livre) anos depois. Os documentos foram liberados como pertencentes ao programa *Stargate*, mas, como será demonstrado, esse foi apenas o último de uma série de outros programas, que incorporavam os documentos de todos os anteriores.

Este livro tem por objetivo, assim, explorar esses documentos em busca de possíveis referências

---

[3] **Agentes secretos em Júpiter: por que CIA contratou parapsicólogo lendário?** Disponível em: <https://br.sputniknews.com/americas/201702177708342-cia-pesquisa-secreta-ovnis-jupiter/>. Acesso em 02 de julho de 2018.

[4] QUEVEDO, Oscar. G. **O que é Parapsicologia**. 37º ed. São Paulo: Edições Loyola, 2011. p. 46.

[5] TURNER, Michael A.; WORONOFF, Jon (Editor). **Historical dictionary of United States intelligence.** Maryland; Toronto; Oxford: The Scarecrow Press, 2006. p. XXX.

à meditação, tanto como como base quanto como catalizadora de tais capacidades extraordinárias. Em caso positivo, também busca identificar quais as características das práticas meditativas envolvidas. A meditação entra como fator relevante por estar ligada a estados diferenciados de consciência, variando em intensidade, de acordo com a prática meditativa envolvida, desde a dança, passando pela recitação de frases, até a atenção plena em ponto fixo ou estados próximos ao desligamento sensorial do próprio corpo e visualizações mentais.

Os documentos serão analisados por meio de estudo quantitativo, buscando o menor nível de subjetividade possível já que, na percepção deste autor, trata-se de estudo com certo grau de ineditismo e que permitirá o descobrimento do tema por outros pesquisadores, sendo necessário colocar os dados da forma mais clara possível. Não se pretende esgotar o tema, mas abrir espaço para novos e mais profundos estudos. No mesmo sentido, por tratarem-se de fontes em língua estrangeira, sem grande número de livros em português, foi trazida a mais ampla base possível para que o tema possa ser compreendido de forma adequada. Também se trata de assunto exótico, pouco explorado e até mesmo discriminado em meio aos estudos acadêmicos tradicionais, o que exige uma exploração mais ampla de suas bases históricas, termos e noções.

O conteúdo inicia-se no capítulo dois, com exploração sobre a Parapsicologia, que é o terreno onde os eventos extraordinários da Visão Remota são tratados na ciência. Serão lançadas as bases históricas que permitiram que eventos sem explicação científica (à época ou até os dias de hoje) pudessem ser tratados por cientistas e dentro das universidades. Em seguida, serão explorados os conceitos e termos-chave da área, tanto no exterior quanto no Brasil. Tais termos são relevantes por permitirem o enquadramento da Visão Remota como legítimo campo de estudo parapsicológico. O capítulo termina com breve observação do relacionamento, no Brasil, entre a Parapsicologia e a Psicologia, assim como dos esforços de acadêmicos brasileiros que visam tornar o diálogo mais amigável entre ambas. Tal esforço permite, também, a aceitação crescente dos aspectos paranormais da própria meditação, auxiliando na quebra de preconceitos.

O terceiro capítulo introduz os assuntos de Estado e coloca os interesses de governos por informações. Tais informações são tradicionalmente negadas e mantidas em segredo pela outra parte, o que exige a atuação de espiões, que devem extraí-las, muitas vezes por meios claramente criminosos (como: assassinato, extorsão, falsidade ideológica, pagamento a informantes traidores de suas pátrias, chantagem e outros meios de obtenção de informações pela força). A ciência que estuda essas práticas subterrâneas de obtenção de informações é a Inteligência, um eufemismo para substituir o termo espionagem. O capítulo passa da parte histórica geral, passando pela conceitual, que separa os diferentes tipos de espionagem (ou obtenção de Inteligência) e adentrando na história da CIA, fonte principal dos documentos investigados. Como contextualização, também traz breve observação sobre o serviço de Inteligência soviético e sobre a contraparte da Visão Remota na União Soviética. O assunto Inteligência é relevante para o estudo porque a Visão Remota foi executada por civis (sob financiamento da CIA) e espiões militares (sob comando da DIA) com o objetivo de coleta de Inteligência sobre os inimigos dos EUA, especialmente contra o bloco de países soviéticos no contexto da Guerra Fria.

O quarto capítulo trará, então, informações detalhadas sobre a Visão Remota. Trata-se de trecho de relevante importância para os pesquisadores do tema por condensar múltiplas fontes sobre o assunto, desde textos escritos pelos cientistas responsáveis, passando pelos visualizadores remotos, jornalistas e pesquisadores do assunto. Os nomes dos chamados *remote viewers*[6] (visualizadores remotos ou simplesmente visualizadores, em tradução livre) correspondem aos autores de boa parte dos livros utilizados como fontes neste trecho e vieram à tona por meio dos documentos liberados pela CIA (como no caso de Ingo Swann[7], Paul H. Smith[8], Lyn Buchanan[9]

---

[6] GRIFFIN, Andrew. **Project Star Gate: CIA Makes Details Of Its Psychic Control Plans Public.** Disponível em: < https://www.independent.co.uk/life-style/gadgets-and-tech/news/project-star-gate-cia-central-intelligence-agency-a7534191.html>. Acesso em 02 de julho de 2018.

[7] **Memo to Dr. H.E. Puthoff From I. Swann, Consultant, Subject: Work Report.** Disponível em: <https://www.cia.gov/library/readingroom/docs/CIA-RDP96-00792R000100140033-6.pdf>. Acesso em 02 de julho de 2018.

[8] **Center Lane Personnel Spaces.** Disponível em: < https://www.cia.gov/library/readingroom/docs/CIA-RDP96-00788R001700300001-1.pdf >. Acesso em 02 de julho de 2018.

[9] **A Comprehensive Research Plan for Anomalous Mental Phenomena.** Disponível em: <

e Joseph McMoneagle[10]) e pelos livros que eles mesmos escreveram, seja como forma de divulgação, autopromoção ou promoção das empresas de Visão Remota que criaram após terminado seu período como funcionários do governo. O capítulo abarcará desde a história inicial, com a criação da Visão Remota – como um misto de clarividência e experiência fora do corpo- por Ingo Swann, até a parte conceitual, passando pelas muitas variações das formas de execução da Visão Remota e seus usos práticos de coleta de Inteligência em momentos de grande importância para a história política internacional, como a crise dos reféns no Irã pós revolucionário.

O quinto capítulo trará breve introdução à meditação e às práticas meditativas. Serão observados os principais modelos de meditação que emergiram dos mais diferentes grupos religiosos e sociais ao longo de história que se estende aos primeiros momentos de agregação humana, em frente às fogueiras. O objetivo não será o de determinar um

---

https://www.cia.gov/library/readingroom/docs/CIA-RDP96-00789R003100080001-9.pdf>. Acesso em 02 de julho de 2018.
[10] **Trip Report - Advanced Training 19 - 23 Mar 84 (U).** Disponível em: <https://www.cia.gov/library/readingroom/docs/CIA-RDP96-00788R001700210003-9.pdf>. Acesso em 02 de julho de 2018.

modelo ideal de meditação, ou mesmo o modelo principal, mas sim de observar quais as características que definem a meditação de forma ampla, a fim de serem encontrados os termos a serem pesquisados em meio aos documentos do programa *Stargate*. Também serão apresentados os limites conceituais e teóricos que permitirão descobrir as características das práticas meditativas possivelmente encontradas nos documentos.

O capítulo seguinte delimita as regras a serem obedecidas durante a pesquisa, colocando a metodologia dentro dos limites quantitativos e da obtenção de dados por meio da análise do conteúdo, ou seja: a busca por termos com significado esperado dentro de textos bem definidos, em contraste com a análise do discurso, que tenta obter o significado contextualizado e subjetivo das informações contidas em um texto. As fontes a serem exploradas são todas primárias, vindas diretamente dos arquivos da CIA. O problema central de pesquisa, que busca entender a importância das práticas meditativas para a Visão Remota, dentro do âmbito dos arquivos do Programa *Stargate*, e suas características, será dividido em três problemas secundários, que buscarão explorar, por procedimentos distintos: a) a importância da meditação para a Visão Remota; b) as características das práticas meditativas encontradas; c) o momento (antes, durante ou depois das sessões) em que tais práticas meditativas eram adotadas. O principal delimitador do escopo dos documentos analisados está no fato de serem verificados apenas protocolos e manuais. Dentre o grande número de documentos disponíveis, apenas esses, vistos como formadores de padrões para todos os outros, serão analisados. Contudo, tal pesquisa é vista como apenas um esforço inicial para o entendimento do tema. Há outros documentos que registram a prática da Visão Remota sessão a sessão, mas, por serem muitos, não permitem análise deste pesquisador com os recursos de tempo aqui disponíveis. Essa possível futura pesquisa dará a outros pesquisadores a possibilidade de comparar o que for registrado aqui, após a análise dos protocolos e manuais, com a real aplicação da Visão Remota, registrada nos demais documentos. Por fim, serão apresentadas as hipóteses a serem testadas após a análise dos dados.

O capítulo sete analisa todos os documentos selecionados e extrai seus dados, categorizando-os e criando estatísticas que mostrem de forma simples e clara as respostas para os questionamentos anteriormente formulados. Aqui, as hipóteses do capítulo anterior serão testadas e será possível chegar à solução final, que responde a todos os problemas de pesquisa deste livro. O capítulo final trará revisão de todos os assuntos abordados, congregando os dados em um único esforço de compreensão das respostas obtidas e entendendo a importância das práticas meditativas para a Visão Remota e suas características.

## 2. INTRODUÇÃO À PARAPSICOLOGIA

O estudo inicia-se pela apresentação do ambiente acadêmico que permite a observação sistemática e a pesquisa científica dos eventos que superam as explicações existentes no âmbito das ciências exatas e da própria compreensão humana. O campo da Parapsicologia surge como aquele especializado na observação e estudo de eventos como a Visão Remota, como será a seguir demonstrado.

### 2.1. HISTÓRIA DA PARAPSICOLOGIA

Ao longo deste trabalho, o embasamento histórico será tido como fonte importante de compreensão de todos os grandes temas estudados. O escopo da pesquisa não permite a adequada extensão na apresentação, mas tal deficiência será sanada por meio de apresentação resumida, porém densa, dos principais eventos de cada área e as fundações conceituais para a adequada compreensão dos temas tão controversos aqui apresentados.

Desse modo, a história da Parapsicologia será trazida com o objetivo de demonstrar que existe um forte histórico de eventos e estudos metódicos sobre os fenômenos que, com o nome moderno de Visão Remota, serão analisados como tema central da pesquisa.

### 2.1.1 Primórdios

De acordo com Martin[11], o uso da Visão Remota não é novidade, mas já possui precedente em práticas ancestrais shamânicas existentes na África. Tais práticas permitiriam o uso de estados alterados de consciência para observação de locais distantes. De acordo com ela, práticas como a da *dagara* permitiriam a Visão Remota por meio da observação da água em potes. Ela reage, assim, à percepção de que os estudos sobre Visão Remota teriam surgido no ocidente, o que ocultaria suas heranças ancestrais.

Em uma perspectiva histórica mais ampla, é possível afirmar que tais práticas surgiram em diferentes culturas ao longo da história, sendo difícil definir qual foi a primeira ou uma linha sucessória bem

---

[11] MARTIN, Denise. **Pan African Methaphysical Epistemology: A Pentagonal Introduction.** In The Journal of Pan African Studies, vol.2, n. 3, março, 2008. Disponível em: < http://www.jpanafrican.org/docs/vol2no3/PanAfricanMetaphysical Epistemology.pdf>. Acesso em 18 de setembro de 2017.

definida delas. Como tal estudo seria demasiado amplo e fora do escopo desta pesquisa, a abordagem será apenas exemplificativa.

Assim, de acordo com Massimo Inardi[12] as práticas que se assemelham às que seriam futuramente estudadas pela Parapsicologia têm início com os povos mesopotâmicos antigos, em práticas descritas em textos de escrita cuneiforme, que desenvolveram a crença na sobrevivência da alma a despeito da morte do corpo. Sacerdotes designados pelo Estado davam presságios, enquanto magos e bruxos realizavam práticas para prevenção de danos por demônios ou espíritos. Os Caldeus, cujo terra era considerada propícia para prática divinatória, elaboraram tabelas astrológicas, criando o primeiro horóscopo. No Egito, onde até Jesus teria sido iniciado em práticas místicas, de acordo com o Talmude, a alma teria dois tipos: *Bâ*, compreendendo a noção de alma em si; e *Kâ*, um elemento intermediário entre a alma e o corpo, "uma espécie de negativo do 'corpo'"[13] que separava-se da matéria e poderia unir-se à alma,

---

[12] INARDI, Massimo. **A história da Parapsicologia.** Trad. A. J. Pinto Ribeiro. Lisboa: Edições 70, 1979.
[13] Ibidem. p. 21.

devendo ser respeitado e podendo gerar efeitos negativos caso fosse ultrajado, como, por exemplo, "o aniquilamento da personalidade do defunto"[14]. De acordo com o mesmo autor, o espiritismo, por meio de Allan Kardec (ou Hippolyte Léon Dénizard-Rivail, em seu nome de nascença)[15], criaria uma concepção similar séculos depois, na forma de alma e perispírito.[16]

Na Grécia antiga, um dos mais marcantes exemplos da prática divinatória é a atribuição ao Oráculo da capacidade de visualizar o futuro ou o presente em locais distantes. As consultas a ele permitiam receber informações diretamente dos deuses, em especial Apolo. A referência a tais práticas aparece nos textos de Heródoto.[17] O oráculo grego seria uma herança daquele que primeiro apareceu na civilização egípcia, relacionado ao culto da deusa Wadjet, associada à maternidade.[18]

---

[14] Idem.

[15] Ibidem. pp. 34-35.

[16] Ibidem.

[17] RABELLO, Ivonete Souza de. **O futuro no passado: estudo sobre os oráculos na obra de Heródoto.** Disponível em: <http://www.teses.usp.br/teses/disponiveis/8/8143/tde-12092013-115330/publico/2013_IvoneteDeSouzaRabello_VCorr.pdf>. Acesso em 18 de setembro de 2017.

[18] SCOTT, Andrew. **Delphi: the history of the ancient greek sanctuary and home to the world's most famous oracle.** Massachusetts: Charles River Editors, 2017.

Em termos religiosos, também seria possível perceber o futuro ou o presente desconhecido a partir dos rituais contidos no <u>I Ching</u>[19] (Livro das Mutações). As práticas de consulta a oráculos também estariam presentes na cultura da Índia e Tibet.[20] A Bíblia também traz referência à divinação, como ocorre no Antigo Testamento quando o rei Saul procura uma "médium"[21] a fim de prever o resultado da batalha do dia seguinte (Batalha de Gilboath). Os hebreus, que também aceitam a noção ternária (de três partes) do homem ("corpo ou *nepesh*; períspirito, ou *mach*; espírito, ou *neshamah*"[22]) criaram um tipo de numerologia por meio da Qaballah (ou Cabala), que interpreta números e letras em busca da alma da escritura sagrada, com fins também divinatórios.[23]

### 2.1.2. Idade Média

O Império Romano, a despeito do período inicial que reunia expressões místicas de diferentes partes do mundo de então, foi marcado pelo comando de

---

[19] WILHELM, Richard. **I ching: o livro das mutações.** Trad. Alayde Mutzenbecher e Gustavo Alberto Corrêa Pinto. São Paulo: Pensamento, 2006.
[20] SCOTT, Andrew. Ibidem.
[21] INARDI, Massimo. Ibidem. p. 16.
[22] Ibidem. p. 24.
[23] Ibidem.

Constantino e a transformação da fé cristã em religião oficial do Império. Tal atitude levou ao fechamento de templos dos diferentes deuses pagãos e ao banimento do culto e práticas místicas diferentes daquelas aceitas pela nascente Igreja Católica.[24] Contudo, como a política romana era muito conturbada e instável[25], os Imperadores seguintes, incluindo o Juliano, sobrinho de Constantino, restauraram o culto aos Deuses antigos.[26]

Esse retorno a práticas não cristãs permitiu, ao longo do tempo, a incorporação de diferentes crenças de muitas partes do mundo, incluindo práticas místicas árabes. Porém, a Igreja Católica lidou de forma drástica com a situação quando retomou o controle político/social. Essa reação deu-se por meio da violência e da tortura durante a chamada Inquisição, ordenada pelo Papa Gregório IX, que reinou de 1227 até 1241.[27]

Ainda nesse período, diversas correntes de pensamento desenvolveram seus trabalhos

---

[24] Ibidem.
[25] GIBBON, Edward. **The decline and fall of the roman empire.** [MP3] EUA: Audio Conoisseur, 2008.
[26] Ibidem.
[27] Ibidem.

intelectuais na Europa, variando da criação das ordens religiosas como a dos franciscanos, beneditinos e dominicanos, até ao aparecimento do satanismo e da demonologia. Dentre elas encontrava-se a busca pela Pedra Filosofal, que advém de preceitos herméticos (de Hermes Trismegistos, sábio do Egito antigo) e que permitiria o trabalho alquímico dos metais (transformar metais não nobres em ouro) e dos comportamentos.[28]

### 2.1.3. Místicos na Idade Moderna

Inardi passa em revista aos principais autores do início da Idade Moderna, iniciada em 1492 (com a descoberta da América). A marca principal desse período é a nova liberdade de atuação de místicos, em especial no seio de organizações secretas.[29]

Cornélio Agripa de Nettesheim teria deixado sua semente dentre as obras de cunho espiritual por meio da percepção de que a magia é a comunicação que permite pedir auxílio um plano superior para dominar o inferior. Suas obras eram místicas e orientavam que a pessoa mais dotada para agir como mago era aquela

---

[28] Ibidem.
[29] Ibidem.

que procurava a meditação e a concentração, ou, em suas palavras "morrer para o mundo"[30].

Paracelso aparece nesse período como um alquimista que falava sobre o magnetismo humano ("as vibrações provenientes das estrelas e dos planetas"[31]), colocando as bases futuramente utilizadas por importante figura da história da Parapsicologia: Mesmer.[32]

Jerônimo Cardano deixou sua contribuição como matemático (tendo sido o descobridor da fórmula que resolvia as equações de terceiro grau) e físico, mas em meio a seus mais de noventa livros, também falou sobre seus sonhos premonitórios, intuições clarividentes sobre doenças, sua habilidade de aprender línguas (latim, francês, grego e castelhano) durante seus "esplendores"[33], que eram uma forma especial de suas faculdades de vidência, diferente das que já possuía, ocorrendo apenas quando estava doente.[34]

---

[30] NETTESHEIM, Henrich. C. A. Von.; In: Ibidem. p. 50.
[31] INARDI, Massimo. Ibidem. p. 53.
[32] Ibidem.
[33] Ibidem. p. 55.
[34] Ibidem.

Nostradamus, um dos mais famosos videntes de todos os tempos, foi médico e frequentava os mais elevados círculos sociais e políticos. Seu livro (_As Centúrias_) ainda é utilizado como fonte de previsões do futuro. A especulação é a de que ele teria tido acesso a documentos sacros secretos, que exporiam técnicas cabalísticas de previsão por ele aprendidas e ocultas em seu discurso "singular e obscuro"[35].[36] Ele seria o último representante dos "antigos sacerdotes-profetas da ciência religiosa hebraica que no seu tempo eram também chamados 'Nabhis'"[37].

A sociedade Rosa Cruz surgiu nesse período com influência mística. Seus membros, agindo em segredo, teriam sido um tipo de "mão invisível"[38] agindo sobre a história e que teria ajudado a humanidade a caminhar em direção ao iluminismo.[39] Cagliostro seria mais um exemplo de místico pertencente a sociedades secretas (como a Maçonaria e a "Seita dos Iluminados"[40], da qual teria sido um dos

---

[35] Ibidem. p. 57.
[36] Ibidem.
[37] Ibidem. p. 58.
[38] Ibidem. p. 60.
[39] Ibidem.
[40] Ibidem. p. 61.

fundadores) respeitado por grandes pensadores (como Kant e Goethe) em suas habilidades paranormais.[41]

## 2.1.4. Período Pré-Científico da Parapsicologia

A Parapsicologia observa fenômenos não naturais e tenta verificar se são ou não fraudes. Nesse processo, alguns fenômenos inicialmente classificados como inválidos foram posteriormente validados.

O primeiro grande caso, que traz o primeiro possível charlatão descoberto por um grupo de cientistas, foi o de Mesmer. Esse mesmo sujeito teria, após averiguações mais detalhadas, confirmadas as suas alegações e acabaria tornando-se um dos personagens mais importantes da Parapsicologia.[42] [43]

### 2.1.4.1. Magnetismo de Mesmer

Franz Anton Mesmer era médico e começou, em 1778, a aplicar uma forma diferente de medicina em Paris. Seu método de cura era baseado no magnetismo, na mesma linha de Paracelso, e ele partia

---

[41] Ibidem.
[42] MAZZONETTO, Ricardo. **Contribuições da Parapsicologia. In: PINCHERLE, Livio. Tulio. (Organizador). Terapia de vida passada.** São Paulo: Summus, 1990. (Novas buscas em psicoterapia. v. 42) pp. 139-157.
[43] Ibidem. INARDI, Massimo.

do entendimento de que existia uma substância que interpenetrava todos os objetos existentes, incluindo os seres humanos. Essa substância era afetada tanto pelo magnetismo dos planetas, quanto aquele gerado pelas mãos. Mesmer também acreditava na "bipolaridade dos corpos"[44], o que permitia que energias fluíssem de uma das mãos até a outra.[45]

O paciente era curado por meio da reorganização de suas energias. Isso se dava a partir do uso de ímãs, pela movimentação das mãos do médico sobre as áreas doentes e pelo uso de utensílios metálicos ou magnetizados (como água ou até uma árvore magnetizada). Mesmer fez fortuna com esse tipo de tratamento, atendendo desde as mais altas Cortes europeias, até os mais pobres, a quem tratava gratuitamente.[46]

O encontro entre Mesmer e os primórdios da Parapsicologia dá-se quando passa a ter dificuldades de atuação devido às críticas dos demais médicos. Ele procura o rei Luís XVI em busca de um documento oficial que atestasse sua eficácia e lhe desse a

---

[44] Ibidem. p. 68.
[45] Ibidem.
[46] Ibidem.

credibilidade necessária para continuar atuando. O rei, então, determina que duas comissões estudem a prática. A primeira estava sob o comando da Faculdade de Medicina e da Academia de Ciências da Paris (à qual pertenciam Benjamin Franklin e Lavoisier); a segunda era responsabilidade da Academia de Medicina. Após seis anos de análise, o veredicto (1784), levou à ruína financeira e social de Mesmer: a imaginação dos pacientes era tida como a única causa de cura. Contudo, tal verificação seria contestada e revertida futuramente, em trabalhos como o do Dr. Husson, como será visto à frente. Mesmer seria, tardiamente, visto como um dos personagens mais importantes da Parapsicologia.[47] Para Inardi, ele "ocupará depois na história da ciência um lugar de relevo plenamente merecido"[48].

## 2.1.4.2. Sonambulismo Artificial

Seguidor de Mesmer, o marquês Armand de Puységur acabou descobrindo o hipnotismo em meio às práticas mesmerianas. Isso se deu porque um de seus pacientes perdeu a consciência em algo como um

---

[47] Ibidem.
[48] Ibidem. p. 71.

sono profundo e passou a fazer previsões, diagnósticos e outros fenômenos especiais durante esse estado de consciência alterada. Esse estado de "sonambulismo artificial"[49], assim denominado pelo marquês, podia ser repetido seguidamente naquele sujeito. Após sua morte (1825), o português abade Faria utilizaria a técnica para atuar sobre pessoas sensíveis e fazer com que obedecessem quaisquer de suas ordens.[50]

## 2.1.4.3. Novo Embate Científico

Os trabalhos do marquês e de seus seguidores levaram à necessidade de ser criada nova comissão encarregada de verificar se tais fenômenos eram reais, incluindo os casos históricos de Mesmer. O relator de tal comissão, Sr. Husson, reconheceu que o veredicto anterior estava contaminado por preconceitos. Novos estudos demandaram cinco anos e chegaram à conclusão de que existiam fenômenos reais que ocorriam apenas durante o estado magnético. Essa foi considerada a primeira confirmação de fenômenos paranormais.[51] Nas palavras do próprio Husson para a

---

[49] Ibidem. p. 72.
[50] Ibidem.
[51] Ibidem.

Academia de Ciências: "A Academia deveria encorajar pesquisas sobre o magnetismo, como ramo singular de psicologia e história natural."[52]

Seu relatório nunca foi publicado devido às críticas que sofreu, mesmo tendo sido apoiado por outros estudos, como os de Berna e Dubois[53]. Em 1844, a Academia das Ciências da França proibiu qualquer estudo sobre magnetismo. Logo em seguida, a Santa Sé emitia encíclica proibindo tais estudos.[54]

Em 1820 um novo trabalho sobre o tema (<u>Memórias Sobre o sonambulismo e Sobre o Magnetismo</u>), elaborado pelo general Noizet, esperou 46 anos para ser aceito para publicação pela Academia das Ciências de Berlim. Em 1845, o cientista e industrial Karl von Reichenbach chamou a energia geradora de tais fenômenos de "Força Ódica"[55], em referência ao Deus Odin, da mitologia germânica. Em 1848, na Inglaterra, o médico John Elliotson foi impedido de exercer sua profissão por sua defesa do estudo do tema. Enquanto isso, o médico James Esdaile, que havia reduzido em 45% a mortalidade

---

[52] Ibidem. p. 73.
[53] Ibidem.
[54] Ibidem.
[55] Ibidem. p. 74.

pós-operatória por meio de tais técnicas, conseguia permissão para abrir, na Inglaterra e na Índia, hospitais que usavam os métodos mesméricos e de anestesia baseada no magnetismo.[56]

### 2.1.4.4. O Hipnotismo

O médico James Braid foi o responsável por chamar o estado alterado de consciência "magnético"[57] de "hipnotismo"[58], como é conhecido até hoje. Ele expunha os sujeitos sensíveis à observação de luz fixa, intermitente ou a um objeto reflexivo, para que chegassem a um estado psicofísico alterado. Outros estudiosos, como Azam Bordeus e Charles Richet, confirmariam suas descobertas sobre hipnotismo infantil e de animais, chancelando a existência de eventos paranormais em tais situações.[59]

O neurologista Jean Martin Charcot, na França, classificaria o hipnotismo como uma doença e o dividiria em "grande hipnotismo"[60], marcado pelos estágios de *letargia* (musculatura relaxada com

---

[56] Ibidem.
[57] Ibidem. p. 75.
[58] Idem.
[59] Ibidem.
[60] Ibidem. p. 76.

reflexos e excitabilidade conservadas, com insensibilidade à dor), *catalexia* (com hiperexcitabilidade, rigidez dos músculos e manutenção de atitudes de forma estável) e *sonambulismo* (marcado por profunda inconsciência, com reação automática a qualquer ordem do operador); e "pequeno hipnotismo"[61], marcado por manifestação psíquicas na ausência de fenômenos de natureza física e motora.[62]

Contrários à classificação do hipnotismo como doença, os adeptos da chamada "Escola de Nancy"[63] afirmavam que qualquer pessoa poderia atingir esse estado hipnótico, dependendo do nível de credulidade. Tal apoio intelectual permitiu que o hipnotismo se tornasse um método aceito como instrumento no processo terapêutico, utilizado até os dias de hoje.[64]

## 2.1.4.5. O Espiritismo

O espiritismo surge como consequência de uma fraude, admitida publicamente em 1888 pelas irmãs Fox, nos Estados Unidos da América. Enquanto

---

[61] Idem.
[62] Ibidem.
[63] Ibidem. p. 77.
[64] Ibidem.

mantiveram a farsa, milhões de norte-americanos aderiram à crença na comunicação com espíritos. A nova religião espalhou-se pela Europa da mesma forma como os *quakers* (que também experimentavam fenômenos paranormais em suas cerimônias) haviam, antes das irmãs, levado sua crença ao continente recém descoberto.[65]

Na França, um dos novos seguidores da crença acabou por assumir a tarefa de condensar e dar lógica a um compilado de relatos de sessões espíritas. Progressivamente abandonando seu ceticismo a partir do convívio constante com médiuns, Hippolyte Léon Dénizard-Rivail passou a acreditar que deveria mudar seu nome para Allan Kardec, nome que teria tido em vida passada, onde haveria sido sacerdote druida. Empenhado em comunicações com espíritos por meio de médiuns, escreve uma doutrina religiosa que é até hoje seguida em todo o mundo. [66]

Seu papel na Parapsicologia dá-se pelo fato de ter deixado definição dos acontecimentos paranormais no sentido de que

---

[65] Ibidem.
[66] Ibidem.

> "(...) não seriam mais que o resultado de uma acção (sic) alternada, de uma interacção (sic) entre as possibilidades do períspirito do médium e o períspirito das entidades materiais; ela explicaria também 'cientificamente' – no dizer dos inabaláveis defensores da hipótese espírita – a natureza, a origem e a essência dos fenómenos (sic) medianímicos explicando assim por que razão o organismo do médium, justamente pela interacção (sic) do seu períspirito com o dos desencarnados, no decurso das sessões, sofre aquelas modificações orgânicas, físicas e psíquicas que por vezes parecem ser de notável relevância."[67]

## 2.1.5. O Período Científico da Parapsicologia

A partir de 1869, a *Dialectical Society* (Sociedade Dialética, em tradução livre), de Londres, ocupou-se do estudo de fenômenos relacionados a forças desconhecidas. O primeiro relatório produzido pela sociedade sobre o tema afirmava que: a) as sessões medianímicas produziam fenômenos (sons advindos de móveis ou paredes) na ausência de qualquer causa física aparente; b) objetos moviam-se fora do âmbito de qualquer ação física; c) os sons pareciam ter origem inteligente, pois "respondiam"[68] coerentemente a perguntas por meio de código

---

[67] Ibidem. p. 105.
[68] Idem.

alfabético convencional; d) os fatos contidos nas respostas eram de conhecimento restrito a uma das pessoas presentes.

A partir de então, cientistas decidiram investigar tais fenômenos, sendo William Crookes (inventor dos tubos catódicos para máquinas da raios-X e descobrir do elemento químico Tálio) um dos mais destacados à época. Ele desenvolveu aparelhos e realizou experimentos em laboratório para investigar sujeitos mediúnicos. Seus trabalhos foram criticados, sob acusação de ter sido enganado pelos supostos paranormais. De acordo com Massimo Inardi, a ciência da Parapsicologia inicia-se neste momento (sob nome inicial de "pesquisa psíquica"[69] ou "espiritualismo"[70], posteriormente chamada de "metapsíquica"[71] até finalmente chamar-se "parapsicologia"[72]).[73]

2.1.5.1. A Society for Psychical Research (S.P.R.)

Em 1876, o físico William Barret iniciou estudos sobre telepatia (transmissão de pensamento),

---

[69] Ibidem. p. 108.
[70] Idem.
[71] Idem.
[72] Idem.
[73] Ibidem.

chegando a resultados confirmatórios e expondo suas conclusões em evento da *British Society* (Sociedade Britânica, em tradução livre), que reunia cientistas da Inglaterra. O resultado foi muito negativo para sua carreira, sendo colocado em ostracismo. Persistente em suas descobertas, reuniu-se com outros cientistas e criou a *Society for Psychical Research* (Sociedade para Pesquisas Psíquicas, em tradução livre), em 1882, que tinha por objetivo estudar, de forma livre, tais fenômenos sob ponto de vista científico. A sociedade ganharia grande respeito e em 1911 teria Sigmund Freud como um de seus membros correspondentes. [74]

O primeiro documento da nova organização trazia seis pontos fundamentais: a) o estudo sobre a natureza de qualquer influência de uma mente sobre outra; b) a verificação dos casos de hipnotismo, clarividência e outros similares; c) a revisão de pesquisas sobre indivíduos alegadamente sensitivos; d) a investigação de narrativas envolvendo aparições e espíritos; e) a investigação de fenômenos físicos de fundo dito espírita; f) a coleta de documentos e relatos sobre tais assuntos.[75]

---

[74] Ibidem.
[75] Ibidem.

Em 1884, surgia a equivalente nos Estados Unidos da América, chamada A.S.P.R. (*American Society for Psychical Research*, ou Sociedade Americana Para Pesquisas Psíquicas, em tradução livre), fundada pelos cientistas Richard Hodgson, William James, Stanley Hall, Pickering, Newcomb, Pierce e Royce. O objetivo era também o estudo da telepatia, clarividência, hipnotismo, escrita automática, assombramentos e outros fenômenos anormais.[76]

Em 1886, foi publicado o primeiro livro, com o título *Phantasms of the Livings* (Fantasmas dos Vivos, em tradução livre), escrito coletivamente por Gurney, Myers e Podmore, que "estabelecia pela primeira vez a realidade da telepatia"[77]. Em 1903, seria publicado, por F. W. H. Myers, o livro A Personalidade Humana e a Sua Sobrevivência à Morte do Corpo. [78]

Por fim, em 1889, o alemão Max Dessoir cunhou o nome "parapsicologia"[79], que viria a ser adotado amplamente a partir de 1953, após o Congresso de Utrecht. [80]

---

[76] Ibidem.
[77] Ibidem. p. 112.
[78] Ibidem.
[79] Ibidem. p. 113.
[80] Ibidem.

## 2.1.5.2. Grandes Pensadores e o Reconhecimento da Ciência Parapsicológica

Antes de chamar-se Parapsicologia, porém, a nomenclatura adotada seria aquela de Charles Richet, prêmio Nobel de fisiologia no ano de 1913, que chamou a ciência de "metapsíquica"[81] a partir de 1905. Coube a ele ser o primeiro a adotar a metodologia quantitativa de forma sistemática no estudo do paranormal. Seu foco adotava método estatístico e probabilístico às observações. Tais procedimentos foram adotados por outros cientistas na França e nos Estados Unidos da América. Em 1919, auxiliou na fundação do Instituto Metapsíquico Internacional [Tradução livre] (*Institut Metaphyschique International*) (I.M.I.), sendo Rocco Santoliquido e Gustave Geley os fundadores oficiais. [82]

Geley estudou diretamente o médium Franek Kluski, criando método no qual pedia que suas materializações fossem realizadas dentro de bacia com parafina, resultando em moldes (depois preenchidos com gesso) que tornavam permanente os pedaços de corpos ali materializados pelo médium. Seu sucessor, Eugênio Osty, deixou como marca para

---

[81] Ibidem. p. 114.
[82] Ibidem.

a psicologia a noção de que o desejo dos envolvidos (quem consulta o vidente ou o próprio) pode entrar no contexto do evento paranormal, modificando suas características. Outra contribuição foi a percepção de que a telepatia pode ocorrer entre pessoas sem prévia conexão. Ou seja: existiria um "contínuo contacto (sic)" [83] entre o inconsciente de diferentes pessoas. [84]

Sigmund Freud, apesar de inicialmente cético, acabou por aceitar a existência de eventos paranormais, atuando como correspondente do S.P.R. e da sua correspondente versão norte-americana em 1915. Ele escreveu três artigos que confirmam sua crença em eventos parapsicológicos: a) o primeiro, escrito em 1921 e publicado apenas em 1941, de nome "Psicoanalisi (sic) e Telepatia"[85]; b) "Sonho e Telepatia"[86], em 1922; e, em 1932, "O caso do dr. Forsyth"[87]. Seu entendimento era o de que existia uma comunicação telepática de psique a psique, tratando

---

[83] Ibidem. p. 118.
[84] Ibidem.
[85] Ibidem. p. 119.
[86] Ibidem. p. 120.
[87] Idem.

dessa comunicação no estado de vigília no primeiro artigo e no de sonho, no segundo.[88]

Carl Gustav Jung também teve estudos direcionadas para a Parapsicologia, mas, além disso, vivia ele próprio experiência paranormais (especialmente retrocognição e precognição por meio de visões e sonhos). Sua contribuição mais importante para a Parapsicologia está na formulação da teoria da sincronicidade. Um artigo específico sobre o tema foi aquele com título "Sete Diálogos Sobre os Mortos"[89], onde teria conversado com falange de espíritos, que teria lhe passado o texto a escrever. [90]

Freud, Jung, Osty e demais estudiosos da psicologia ou dos fenômenos, geralmente com estudo detido sobre um ou outro sujeito paranormal, podem ser classificados como cientistas que adotam o viés **qualitativo** na pesquisa do tema. Contudo, como vimos com Richet, o método **quantitativo** já se fazia presente nas pesquisas parapsicológicas. É

---

[88] Ibidem.
[89] Ibidem. p. 122.
[90] Ibidem.

exatamente nesse sentido que vão as pesquisas de Joseph Banks Rhine. [91]

Rhine foi escolhido pelo parapsicólogo William Mac Dougall para comandar os estudos parapsicológicos na Universidade de Duke, nos Estados Unidos da América. Em 1930, começaram seus estudos "revolucionários"[92]. Foi dele o esforço para padronizar o sistema de verificação de poderes psíquicos e permitir o domínio da metodologia estatística em sua análise. No âmbito das pesquisas, ele substitui as cartas de baralho comuns por um novo tipo, chamado de "cartas Zener"[93], contendo cinco figuras apenas (quadrado, ondas, estrela, círculo e cruz). O ponto principal de sua pesquisa persistente e padronizada, de mais de quarenta anos e replicada até hoje, foi o uso de pessoas comuns, em detrimento de pessoas com dons especiais, escolhidas de forma aleatória entre estudantes. Sua base lógica era a crença de que todos os seres humanos possuem capacidades além das ordinárias. Os resultados, que cumprem todo o rigor científico de sua época,

---

[91] Ibidem.
[92] Ibidem. p. 1124.
[93] Ibidem. p. 125.

comprovam a existência de tais fenômenos paranormais.[94]

A fidelidade ao método científico quantitativo daria o primeiro grande reconhecimento científico à Parapsicologia quando, no dia 30 de dezembro de 1969, a *"Parapsychological Association"*[95] (Associação Parapsicológica, em tradução livre), fundada em 1957, foi aceita pela A.A.A.S. (*American Association for the Advancement of Science* - "Associação Americana para o Progresso das Ciências"[96]), que agrega centenas de sociedades científicas reconhecidas.[97]

No campo do conhecimento, é importante destacar a divisão adotada por Rhine, que classificou os eventos paranormais em: a) **ESP** (Percepção Extra-sensorial, do inglês *"Extrasensory perception"*[98]): fenômenos cognitivos ou mentais ( "telepatia, clarividência e precognição"[99]); e b) **PK** (Psicocinese,

---

[94] Ibidem.
[95] MOREL, Hector V; MORAL, Jose Dali. **Diccionario de Parapsicologia**. Buenos Aires : Editorial Kier, 1986. p. 198.
[96] Ibidem. INARDI, Massimo. p. 30.
[97] Ibidem.
[98] Ibidem. p. 126.
[99] Idem.

do inglês "*Psychokinesis*"[100]): fenômenos físicos, como a movimentação de objetos por meio da mente.

Outro cientista de renome na área, no mesmo período e com foco intermediário entre o qualitativo e o quantitativo, foi Hans Bender, especializado em eventos do tipo "*Poltergeist*"[101] (ou seja: movimento de objetos, ruídos e perturbações).[102] Willem Hendrik Carl Tenhaeff surge como um antagonista da postura qualitativa. Em 1953 criou o primeiro Instituto Universitário Estatal de Parapsicologia na Europa, em Utrecht, onde, no mesmo ano, realizou-se o primeiro Congresso Internacional de Parapsicologia. Uma de suas contribuições mais importantes está na noção de especialização, onde cada sujeito acaba por focar em um aspecto de paranormalidade que lhe é mais importante, negligenciando outros.[103]

A partir deste ponto, nos idos de 1970, a história da Parapsicologia passa a entrelaçar-se mais diretamente com a história da Visão Remota, por isso alguns tópicos, como o papel de Uri Geller, por

---

[100] Idem.
[101] MOREL, Hector V; MORAL, Jose Dali. Ibidem. p. 143.
[102] INARDI, Massimo. Opus Citatum.
[103] Ibidem.

exemplo, serão deixados para os capítulos específicos sobre Visão Remota.

## 2.1.6. A Parapsicologia na União Soviética

A seguir, será feita uma breve exposição sobre o desenvolvimento da Parapsicologia na União Soviética. Os estudos soviéticos estariam, de acordo com Massimo Inardi, no ano de 1975 (quando foi publicado seu livro), muito avançados. Ele afirma que a União Soviética estaria cerca de 50 anos à frente da Europa e dos Estados Unidos em termos de estudos parapsicológicos. Os estudos socialistas teriam uma nova perspectiva para o tema, chamada "psicotrônica"[104], ou seja: com foco em explorar os potenciais paranormais humanos com viés utilitário.[105]

As afirmações a seguir são importantes para o desenvolvimento posterior deste estudo. São as primeiras de muitas evidências e provas, das mais diferentes fontes, expostas especialmente no capítulo sobre Visão Remota, de que havia o temor do uso, pelos soviéticos, de paranormais em ações de Estado,

---

[104] Ibidem. INARDI, Massimo. p. 141.
[105] Ibidem.

com fins militares/estratégicos durante a Guerra Fria. [106]

> "Actualmente (sic), na União Soviética está-se verdadeiramente na vanguarda, quer porque se considerou que as investigações em parapsicologia contêm em si uma substancial validade (e até aí está tudo certo), quer porque (eis o que perturba e faz nascer reservas de prudência, se não mesmo uma certa reprovação) alguém muito altamente colocado viu talvez nesta ciência, que estuda possibilidades até agora inexploradas do homem, a possibilidade de aplicações práticas que metem medo, verdadeiramente." [107]

Assim como:

> "Há um temor que no entanto permanece: o momento mágico (...) poderia transformar-se em momento diabólico. Já se fala de aplicações práticas dos factos (sic) paranormais. A telepatia, a clarividência, a precognição, poderiam prestar assinaláveis serviços aos Estados Maiores e aos Serviços Secretos: poder-se-iam adestrar nesse sentido grupos de sensitivos, e assim metapsíquica e parapsicologia tornar-se-iam óptimas (sic) armas de guerra.(...)" [108]

A cronologia do desenvolvimento nos países soviéticos foi a seguinte:

---

[106] Ibidem.
[107] Ibidem. p. 142.
[108] Idem.

**Tabela 1 – Cronologia da Parapsicologia na União Soviética até 1975**

| 1831 | Nascimento de Elena Petrovna Blavatskaya. Ela foi a fundadora da Teosofia, já em 1875 (EUA), após adquirir conhecimentos esotéricos de religiões orientais em suas viagens, como o budismo tibetano. Antes de sua morte, em 1891, teriam havido, de acordo com denúncias, como as de Emma Coulomb, muitos casos de fraude na organização Teosófica.[109] |
|---|---|
| 1869 | Nasce Grigory Rasputin.[110] |
| 1905 | Rasputin assume posição de curandeiro na Corte do Tsar da Rússia e posteriormente como conselheiro;[111] |
| 1907 | Fundado o "Instituto Psiconeurológico" [Tradução livre][112] por Vladimir Bekhterev;[113] |
| 1918 | Fundado o "Instituto para o Estudo do Cérebro e da Atividade Mental" [Tradução livre][114]; |
| 1919 | Estudos sobre "Rádio Cerebral"[115] por Bernard Khazinsky, a hipótese de ondas eletromagnéticas serem a causa da telepatia humana;[116] |

---

[109] MAY, Edwin C.; RUBEL, Victor.; MCMONEAGLE, Joseph W.; AUBARCH, Loyd. **ESP wars east and west: an account of the military psychic espionage as narrated by the key russian an american players.** EUA: Crossroad Press, 2015. [Versão Kindle]

[110] Ibidem.

[111] Ibidem.

[112] Tradução livre para: "(...) Psychoneurological Institute (...)". Ibidem. p. 39.

[113] Ibidem.

[114] Tradução livre para: "(...) Institute of the Study of the Brain and Mental Activity (...)". Ibidem. p. 39.

[115] Tradução livre para: "Brain Radio". Ibidem. p. 40.

[116] Ibidem.

| 1921 | *Bhekhterev conduz 1.278 experimentos (com 678 sucessos) sobre sugestão mental sobre animais e telepatia humana;*[117] |
|---|---|
| 1922 | *Criado, pelo biólogo Alexander Gurvich, o conceito de "biofield"*[118]*, que fala sobre um campo biológico que determina o crescimento dos seres vivos. O fenômeno da telepatia foi assim explicado.*[119] |
| 1927 | *O "Ministério da Defesa"*[120] *[Tradução livre] russo designa o substituto do falecido Bhekhterev, Leoniv Vasiliev, para estudos sobre a tese do eletromagnetismo como fonte de telepatia humana.*[121] |
| 1933 | *Elaborada teoria eletromagnética de telepatia por B. B. Khazhinsky.*[122] |
| 1939 | *Criada a câmera fotográfica "Kirlian" por casal de mesmo sobrenome.*[123] *Trata-se de técnica que usa correntes elétricas especiais para criar uma descarga coronal, capturada por câmera fotográficas, nos objetos observados.*[124] |
| 1960 | *Leonid L. Vasiliev cria laboratório de investigação parapsicológicas em Leningrado;*[125] |

---

[117] Ibidem.

[118] Ibidem. p. 41.

[119] Ibidem.

[120] Tradução livre para: "(...) (Ministry) of Defense (...)". ibidem. p. 41.

[121] Ibidem.

[122] MOREL, Hector V; MORAL, Jose Dali. Ibidem.

[123] Ibidem.

[124] IOVINE, John. **Digital Kirlian photography: a photographer's guide to shooting spetacular Kirlian photographs that command attention.** Nova York: Images Si, Inc, 2016.

[125] MOREL, Hector V; MORAL, Jose Dali. Ibidem.

| 1962 | Kuleshova torna-se célebre por ler com a ponta dos dedos. [126] |
|------|------|
| 1966 | Simpósio Internacional sobre Parapsicologia em Moscou. [127] |
| 1967 | Estabelecido, em Praga, primeiro "Grupo Coordenador para a Investigação Psicotrônica" [128] [Tradução livre]. |
| 1968 | Nelya Mikhailova move objetos sem contato; Novo Congresso Internacional de Parapsicologia.[129] |
| 1969 | Seminário sobre bioenergética na Universidade Estatal de Kazakh.[130] |
| 1970 | Simpósio sobre telepatia em Moscou. [131] |
| 1971 | Seminário sobre Parapsicologia, organizado pelo Departamento de Geologia da Universidade de Moscou. [132] |
| 1973 | Primeiro Congresso Internacional de Psicotrônica, em Praga. [133] |

## 2.1.7. A Parapsicologia na América Latina

Em exposição cronológica menos rica em detalhes, Hector V. Morel e Jose Dali Moral trazem

---

[126] Ibidem.
[127] Ibidem.
[128] Tradução livre para: "Grupo Coordinador para la Investigacion Psicotrónica". Ibidem. p. 199.
[129] Ibidem.
[130] Ibidem.
[131] Ibidem.
[132] Ibidem.
[133] Ibidem.

alguns dados sobre o desenvolvimento da Parapsicologia na América Latina.[134]

**Tabela 2 – Cronologia da Parapsicologia em países da América Latina**

| *Argentina* | |
|---|---|
| *1933* | *Professor de biologia Dr. Eduardo del Ponte inclui fenômenos de nível parapsicológico em aulas.* [135] |
| *1946* | *Fundada a Associación Médica Argentina de Metapsíquica.* [136] |
| *1947* | *Lançada a Revista Médica de Metapsíquica.* [137] |
| *1948* | *Criação do Instituto de Psicopatologia Aplicada, voltado ao estudo de fenômenos paranormais.* [138] |
| *1956* | *Parapsicologia torna-se matéria oficial na Universidad del Litoral, Rosário.* [139] |
| *1963* | *Revista "Cadernos de Parapsicologia"* [140] *[Tradução livre].* |
| *1976* | *Primeiro livro em espanhol sobre explorações Kirlian; Apresentação de Uri Geller no país.* [141] |

---

[134] MOREL, Hector V; MORAL, Jose Dali. Ibidem.
[135] Ibidem.
[136] Ibidem.
[137] Ibidem.
[138] Ibidem.
[139] Ibidem.
[140] **Instituto de Parapsicología.** Disponível em: <http://www.naumkreiman.com.ar/cuadernos.php>. Acesso em: 6 de outubro de 2017.
[141] MOREL, Hector V; MORAL, Jose Dali. Ibidem.

| | |
|---|---|
| 1978 | Primeira conferência pública sobre Parapsicologia em Buenos Aires. [142] |
| 1979 | Alfredo S. Tramonte desmente grande número de casos onde acreditava-se haver fenômeno paranormal. [143] |
| 1980 | Primeira edição da Gaceta de Parapsicologia. [144] |
| 1981 | Primeiro Congresso dos intelectuais que assinaram o chamado Documento de Buenos Aires, sobre estudos de Parapsicologia. [145] |
| 1982 | Surgimento da revista Uno Mismo, com estudos parapsicológicos e transcendentais. [146] |
| 1984 | Apresentação de dissertação sobre biopsicoenergias. [147] |

---

[142] Ibidem.
[143] Ibidem.
[144] Ibidem.
[145] Ibidem.
[146] Ibidem.
[147] Ibidem.

| Brasil | |
|---|---|
| 1921 | Nascimento de Arigó, curandeiro famoso. [148] |
| 1963 | Fundado, por Hernani Guimarães, o Instituto Brasileiro de Pesquisas Biopsicofísicas. [149] |
| 1979 | 4º Congresso da Associação Internacional de Investigação Psicotrônica [Tradução livre][150], em São Paulo. [151] |
| **Chile** | |
| 1964 | Universidade do Chile cria cátedra de Parapsicologia. [152] |
| **Uruguai** | |
| 1953 | Fundada a Sociedade Uruguaya de Investigaciones Parapsicológicas. [153] |

## 2.2. DEFINIÇÕES E PANORAMAS DA PARAPSICOLOGIA NO MUNDO E NO BRASIL

Observar-se-ão, agora, as percepções teóricas e práticas mais atuais sobre a totalidade do campo da Parapsicologia no Brasil e no exterior. Esse entendimento torna-se relevante na medida em que

---

[148] Ibidem.
[149] Ibidem.
[150] Tradução livre para: "Cuarto Congreso de la Associación Internacional de Investigación Psicotrónica." Ibidem. p. 201.
[151] Ibidem.
[152] Ibidem.
[153] Ibidem.

permite compreender as definições utilizadas futuramente, quando for tratado o assunto da Visão Remota ou até mesmo algumas interpretações paranormais sobre a meditação.

### 2.2.1. Visão Internacional

Inicialmente, no contexto internacional, coloca-se que a Parapsicologia, na visão de Irwin e Watt,[154] é entendida como sendo a ciência que estuda "experiências que, se forem como aparentam ser, são a princípio fora do campo das possibilidades humanas como atualmente são concebidas pelos cientistas convencionais."[155] [Tradução livre] Tais autores dividem a área em estudos sobre:

a) Percepção Extrassensorial[156] [Tradução livre] (*ESP*, na sigla em inglês)[157];

---

[154] IRWIN, J Harvey; WATT, Caroline A. **An introduction to Parapsychology.** 5º ed. Carolina do Norte: McFarland & Company, 2007, [Versão Kindle].

[155] Tradução livre para: "(...) experiences which, if they are as they seem to be, are in principle outside the realm of human capabilities as presently conceived by conventional scientists." Ibidem. p. 1.

[156] Tradução livre para: "(...) extransensory perception (...)". Idem.

[157] Ibidem.

b) Psicocinese[158] [Tradução livre] (PK, na sigla em inglês)[159]; e

c) Hipótese de sobrevivência[160] [Tradução livre].

O primeiro lida com a aquisição de informações sem mediação de qualquer dos sentidos humanos conhecidos ou pela lógica formal. O segundo lida com movimentos de objetos realizados "pela mente"[161] (consciente ou inconsciente), ou seja: sem contato físico de qualquer natureza. O terceiro lida com eventos como experiências fora do corpo ou de sobrevivência após reversão, por meio de procedimentos médicos de emergência, da morte, nas chamadas "experiências de quase-morte"[162] [Tradução livre].[163]

Para Girden[164], a área é dividida, em sua perspectiva experimental, nos campos da: a)

---

[158] Tradução livre para: "(...) psychokinesys (...)". Ibidem. p. 5.
[159] Ibidem.
[160] Tradução livre para: (...) survival hypotesis (...). Ibidem. p. 5.
[161] Ibidem. p. 6.
[162] Tradução livre para: "(...) near-death experiences (...)". Ibidem. p. 144.
[163] Ibidem.
[164] GIRDEN, EDWARD. **Parapsychology.** In: CARTERETTE, Edward C.; FRIEDMAN, Morton P. **Perceptual Ecology.** Nova

"telepatia"[165]; b) "clarividência"[166]; c) "pré-cognição"[167];e d) "psicocinese"[168]. Com o primeiro sendo a comunicação mente-a-mente; o segundo a recepção de informações por meios não conhecidos, sejam sensoriais ou cognitivos; a pré-cognição abrangeria o conhecimento do futuro por meio de canais paranormais; e a psicocinese seria a vontade aplicada sobre objetivos de forma a fazer com que se movam de tal ou qual forma, sem o uso de meios físicos para atingir esse objetivo.[169]

Na perspectiva de Ebon[170], a Parapsicologia, apesar de seu nome, não está apenas ligada à psicologia, mas também à religião, física, antropologia e outras áreas. Em relação à definição do termo, o autor afirma que o termo "biocomunicação"[171] foi o mais comumente utilizado na União Soviética. Em termos negativos, ele afirma que a Parapsicologia

---

York: Academic Press, 1978. (Handbook of Perception, volume 10). pp. 385-409.

[165] Tradução livre para: "(...) telepathy (...)". Ibidem. p. 387.

[166] Tradução livre para: "(...) clairvoyance (...)". Idem.

[167] Tradução livre para: "(...) precognition (...)". Idem.

[168] Tradução livre para: "(...) psychhokinesus (...)". Idem.

[169] Ibidem.

[170] EBON, Martin. **A history of Parapsychology.** Nova York: Cosimobooks, 2015. (Psychic Exploration) [Versão Kindle]

[171] Tradução livre para: "(...) biocommunication (...)". Ibidem. Localização 91.

rejeita, em relação à sua definição, o uso dos termos "oculto"[172] [Tradução livre] assim como "superstição"[173] [Tradução livre], o objetivo seria criar uma linha dividindo os antecedentes místicos e a ciência parapsicológica. Em termos afirmativos, porém, ainda que de forma vaga, ele define a Parapsicologia como um microcosmo da ciência moderna, sendo um reflexo da evolução histórica e das controvérsias dos demais campos científicos.[174] Finaliza-se essa parte internacional com a observação de White[175] de que a Parapsicologia adota um viés crescentemente interdisciplinar, no mesmo sentido apontado anteriormente por Ebon, com envolvimento com a física, biologia, sociologia e as áreas da filosofia, educação e literatura.[176]

### 2.2.2. Visão Brasileira

Será feita, agora, breve observação sobre o entendimento conceitual na Parapsicologia do Brasil. Após a apresentação de pensamentos mais bem

---

[172] Tradução livre para: "(...) occult." Ibidem. Localização 93.
[173] Tradução livre para: "(...) superstition (...)". Ibidem. Localização 95.
[174] Ibidem.
[175] WHITE, Rhea A. **Parapsychology today.** Nova York: Cosimobooks, 2015. (Psychic Exploration) [Versão Kindle]
[176] Ibidem.

estabelecidos serão apresentados estudos mais recentes que acabam por buscar uma nova perspectiva para a a ciência no país.

## 2.2.2.1. Parapsicologia de Acordo com o Padre Quevedo

No Brasil, e possivelmente na América Latina como um todo, um dos mais fortes representantes da Parapsicologia é o Padre Quevedo. Ganhador de diversos prêmios e distinções nacionais, regionais e internacionais (sendo fundador e diretor do Centro Latino-Americano de Parapsicologia, em São Paulo), o autor teve seus livros reconhecidos pela "'Fundação Internacional de Parapsicologia', de Nova York, e pela 'Sociedade de Investigação Parapsicológica' de Londres (...) como os melhores livros de Parapsicologia no mundo"[177], publicados até o ano de 2011.[178]

Em sua perspectiva, a Parapsicologia (definida como a ciência que procura comprovar e analisar fenômenos vistos inicialmente como inexplicáveis, mas com possível resultado de faculdades humanas)

---

[177] QUEVEDO, Oscar G. Ibidem. p. 7.
[178] Ibidem.

divide-se em quatro escolas:[179] a) Materialista; b) Espiritualista; c) Eclética; e d) Teórica.[180]

A **escola materialista** tem como foco o estudo de eventos com explicação fisiológica, ou seja: onde é possível inferir a utilização, consciente ou inconsciente, de faculdade humanas, mesmo que desconhecidas da ciência convencional, alterando o maio ambiente próximo.[181] Tais eventos são por ele chamados de "extranormais"[182]. Aqui, os eventos estudados são:

- Hiperestesia: obtenção de conhecimento por sentidos diferentes dos convencionais, como: ler com os dedos ou ver com os ouvidos;

- Telecinésia: ação sobre objetos distantes;

- Fantasmogênese: criação de objetos não totalmente densos ("ectoplasmáticos"[183], ou seja: forma visível de energia mental) em formato completo, seja humano, animal ou de objeto. De forma prática: a formação de

---

[179] Ibidem.
[180] Ibidem.
[181] Ibidem.
[182] Ibidem. p. 89.
[183] Ibidem. p. 63.

um fantasma por meio da mente de uma pessoa sobre o ambiente próximo;

- Transfigurações: mudanças no aspecto físico do sujeito;

- Xenoglossia: falar línguas desconhecidas;

- Outros, como: cumberlandismo, pantomnésia, fotogênese, tiptologia, ectplasmia e ectocoloplasmia.[184]

Na **escola espiritualista** tem-se como foco os estudos de eventos que se tornam, pela distância, por exemplo, difíceis de serem atribuídos a faculdades de uma pessoa sobre o meio ambiente. Tais eventos são chamados por ele de "paranormais"[185]. Os eventos estudados são:

- psi-gamma: conhecimento remoto, independente de tempo ou espaço, impossível de ser atingido por meio dos sentidos convencionalmente entendidos;[186]

- precognição: previsão do futuro; [187]

---

[184] Ibidem.
[185] Ibidem. p. 89.
[186] Ibidem.
[187] Ibidem.

- Telepatia sobre o Inconsciente Excitado (TIE): onde há uma influência inconsciente de pessoa a pessoa, independente de distância; [188]

- sugestão telepática: onde alguém percebe remotamente os desejos de outra pessoa; [189] e

- psi-kappa: como um tipo de bilocação, definida como "a presença simultânea de um indivíduo (de seu corpo físico) em dois lugares diferentes"[190].

A **escola eclética** mescla ambas as anteriores. Seria característica dos estudiosos europeus. Fenômenos estudados são:

- Psico-higiene: como o caso do brasileiro conhecido como Arigó, que realizaria cirurgias espirituais. Quevedo os chama de "curandeiros"[191]; [192]

---

[188] Ibidem.
[189] Ibidem.
[190] VALENTE, Nelson. **História da Parapsicologia: e seus métodos.** São Paulo: Editora Panorama, 1997. p. 244.
[191] QUEVEDO, Oscar G. Ibidem. p. 90.
[192] Ibidem.

- Prosopopéia: atribuição de faculdades especiais a demônios, fadas ou espíritos dos mortos; [193]

- Mancias: astrologia, cartomancia, etc.; [194]

- Subjugações telepsíquicas: quando a sensibilidade psíquica de um sujeito capta remotamente a vontade de outrem e a torna realidade; [195]

- *Dejá vu:* a sensação de já ter vivido determinada experiência antes, mesmo que conscientemente percebida como inédita;[196]

A **escola teórica** busca explicar os fenômenos parapsicológicos de forma próxima à religião, explorando casos de visões e milagres. Esta seria a maior marca dos textos de Quevedo. Como Padre, suas posições tendem a alinhar-se com aquelas da igreja Católica. Nesse sentido, as explicações para os eventos paranormais (lembrando a distinção que ele faz entre eventos paranormais e extranormais) teriam como fonte o espírito. A relação que ele coloca é a de

---

[193] Ibidem.
[194] Ibidem.
[195] Ibidem.
[196] Ibidem.

que o espírito possui habilidades ilimitadas (iguais às dos anjos), mas estaria contido pelo corpo humano, fragilizado pelo pecado original. Essa fragilização tanto impediria o acesso fácil a faculdades extraordinárias da alma, como tornaria o sujeito que as recebe, de forma involuntária, sujeito a danos psicológicos (loucura, por exemplo). Nesse sentido, ele critica a religião espírita (já historicamente fragilizada, de acordo com ele, pela fraude inicial de suas fundadoras, como visto anteriormente no caso das irmãs Fox) por buscar explorar essas faculdades em um corpo incapaz de sustentá-las de forma segura (ele atribui ao espiritismo casos de pessoas sãs que tiveram surtos psiquiátricos após experiências parapsicológicas). [197]

## 2.2.2.2. A Visão Fenomenológica de Nelson Valente

Valente[198] define Parapsicologia como

> "o estudo científico de todos os fenômenos paranormais, psigâmicos e psicocinéticos (subjetivos e objetivos), com o intuito de comprovar sua natureza, sua causa e os fatores agentes que o produzem, desde que se presuma ou se tenha certeza de que

---

[197] Ibidem.
[198] VALENTE, Nelson. Ibidem.

dependem, em tudo ou em parte, do próprio psiquismo humano"[199].

Em sistema que aceita a existência de agentes extra-humanos (ou seja: próximo da perspectiva espírita), classifica o método fenomenológico como a melhor abordagem "funcional"[200] para aprendizado dos tipos de fenômenos parapsicológicos. Nesse sentido, são três os grupos de fenômenos:[201]

1) Aparentemente paranormais: são as fraudes, truques, ilusionismos ou mistificações, tanto conscientes quanto inconscientes;

2) Fenômenos espirituais ou espiríticos: quando devidamente comprovados, os espirituais são deixados ao estudo de teólogos e o foco volta-se para os espiríticos (lembrando a concepção espírita, que coloca esses fenômenos sob influência dos períspiritos), classificados como "comprovadamente humanos, embora pertencentes a um psiquismo especial: o psiquismo de após-morte"[202].

---

[199] Ibidem. p. 36.
[200] Ibidem. p. 37.
[201] Ibidem.
[202] Ibidem. p. 37.

3) Fenômenos paranormais ou supranormais, subdivididos em:

a) Subjetivos:

    i) Percepções Extrassensoriais:

        (1) Clarividência: conhecimento sem interferência humana ou extra-humana;

        (2) Telepatia: adquirido através de outra mente humana ou extra-humana;

        (3) Telestesia: conhecimento formado nos órgãos sensoriais internos, sem estímulos externos. "O percipiente mais que entender ou compreender, sente, ouve e vê a coisa, mas só internamente e sem nenhum estímulo externo"[203]; e

        (4) Precognição.

    ii) Percepções Sensoriais Extraordinárias:

        (1) radiestesia ou rabdomancia: adivinhação;

        (2) hiperestesia: super capacidade dos sentidos;

---

[203] Ibidem. p. 119.

(3) Amnésia: perda de capacidade da memória;

(4) Hipermnésia: memória super eficaz;

(5) Pantomnésia: percepção absoluta, de todas as percepções conscientes e inconscientes da existência do sujeito.

b) Objetivos:

i) Parapsicofisiológicos:

(1) Alterações fisiológicas;

(2) Alterações psíquicas.

ii) Parapsicofísicos:

(1) Telergética: ação da mente sobre a matéria de forma não visível, energética;

(2) Ectoplasmática: forma visível da energia telergética.[204]

## 2.3. O ESTADO DA ARTE DA PARAPSICOLOGIA NO BRASIL

Durante os estudos preparatórios para o desenvolvimento deste trabalho, foi possível encontrar

---

[204] Ibidem.

ao menos duas vertentes em relação à moderna discussão sobre a Parapsicologia em meio às ciências no Brasil.

A primeira afirma que é inevitável que o tempo e novas descobertas levem a uma melhor aceitação da Parapsicologia. A segunda, busca criar uma dimensão diplomática entre a Parapsicologia e a Psicologia, estabelecendo um diálogo entre as partes.

## 2.3.1. A Perspectiva da Evolução da Ciência em Defesa da Parapsicologia

De acordo com Viana[205], existe preconceito entre os psicólogos em relação à Parapsicologia, em especial devido à ligação entre a religião espírita e Parapsicologia no século XIX. Essa ligação religiosa, que, como visto anteriormente, foi fraudulenta, traria o preconceito, ao percebedor superficial, de ser uma

---

[205] VIANA, Rosa Maria. **Paradigmas de Luz: A Parapsicologia no Redimensionamento Científico do Ser Humano.** 2002, 299 f. Tese (Doutorado em Ciências Sociais) – Instituto de Filosofia e Ciências Humanas da Universidade Estadual de Campinas, São Paulo. 2002. Disponível em: < http://repositorio.unicamp.br/bitstream/REPOSIP/280219/1/Viana _RosaMaria_D.pdf>. Acesso em: 22 de outubro de 2017.

ciência de caráter "nebuloso ligada a uma forma religiosa"[206].[207]

Em seu entendimento, o grande preconceito em relação à Parapsicologia teria perdurado até a década de 1960, com reminiscências até hoje em algumas correntes da Psicanálise. Contudo, isso teria mudado com a inserção de novas noções no campo da Psicologia, em especial seguindo-se a descobertas na física e do funcionamento do cérebro. Tais novidades teóricas teriam permitido a inclusão de "dimensões não físicas no conceito da mente e de consciência para entender processos complexos que surgem nas pesquisas com estados de consciência onde se utilizam alucinógenos, hipnose, respiração, sugestão conduzida, etc."[208] Uma das vertentes que lida preferencialmente com a observação e estados alterados de consciência é a "Psicologia Transpessoal"[209] [Tradução livre]. Os desenvolvimentos da própria Parapsicologia teriam

---

[206] Ibidem. p. 122

[207] Ibidem.

[208] Ibidem. p. 223.

[209] GROF, Stanislav.; BENNETT, Hal. Zina. **The holotropic mind: the three levels of human consciousness and how they shape our lives.** Nova York: HarperSanFrancisco, 1993. p. 122.

tornado difícil negar ou ignorar os dados coletados em experimentos cuidadosos e idôneos. [210]

> "Cientistas respeitáveis, com boas credenciais, evidenciaram a existência da telepatia, clarividência, projeção astral, visão a distância, diagnóstico, prognósticos e curas psíquicas ou psicoquinese, que poderiam oferecer indícios importantes para uma nova compreensão da realidade. É interessante notar que muitos físicos modernos, familiarizados com a física quântico-relativista, parecem apresentar um interesse, geralmente mais sério, em fenômenos paranormais do que psiquiatras e psicólogos (sic) tradicionais".[211]

A afirmação final será confirmada, mais à frente, com a observação da história dos estudos sobre Visão Remota nos Estados Unidos, especialmente por serem guiados e defendidos, nos âmbitos administrativos, políticos e científico, por físicos profissionais.

## 2.3.2. A perspectiva "diplomática" entre Parapsicologia e Psicologia

Tal perspectiva surge por meio do esforço de legitimação da Parapsicologia por meio do grupo "Inter

---

[210] VIANA, Rosa Maria.
[211] VIANA, Rosa Maria. Ibidem. p. 223.

Psi"[212], do Laboratório de Psicologia Anomalística e Processos Psicossociais do Instituto de Psicologia da USP (Universidade de São Paulo). De acordo com Velho e Goulart[213], "o Inter Psi busca identificar lacunas na produção de conhecimento da Psicologia e da Parapsicologia, estabelecendo a psicologia anomalística como uma saída legítima para o preenchimento dessas lacunas."[214]

Em termos conceituais, a psicologia anomalística (termo surgido no Reino Unido em 1982) seria "uma área nova na academia brasileira que busca estudar fenômenos anômalos a partir de um enfoque psicossocial"[215], "com enfoque privilegiado no sujeito dessas experiências, ou seja, nos aspectos psicológicos envolvidos nessas vivências e/ou resultantes delas"[216]. Sendo experiências anômalas as "que se referem a fenômenos que não podem ser

---

[212] GOULART, Fernanda Loureiro; VELHO, Léa. O Discurso da legitimação: a busca pelo espaço acadêmico da psicologia anomalística brasileira. **Tecnologia e Sociedade**, Paraná, Vol 9, Núm 18, 2013. Disponível em: <http://www.redalyc.org/articulo.oa?id=496650340005>. Acesso em: 22 de outubro de 2017.
[213] Ibidem.
[214] Ibidem.
[215] Ibidem.
[216] Ibidem.

explicados por teorias usuais, ou experiências que destoam do consenso cultural sobre a realidade, como casos de telepatia, precognição, experiências fora do corpo, contatos com espíritos, contatos com alienígenas entre outras"[217].

O grupo teria surgido na década de 90, também como o objetivo de superar a hostilidade entre os parapsicólogos espíritas e católicos, que teria marcado a área no século XX. Como forma de atuação, o grupo publicaria tanto em revistas de Psicologia, quanto de Parapsicologia. O esforço que desenvolvem é por eles caracterizado como "trabalho de fronteiras"[218]. O discurso também é adaptado para cada audiência, já que a psicologia anomalística encontrar-se-ia em um "campo cinzento"[219] entre os dois lados.

---

[217] Ibidem.
[218] Ibidem.
[219] Ibidem.

## 3. A ÁREA DE INTELIGÊNCIA

Tendo como terminada a exposição de informações gerais sobre a Parapsicologia, inicia-se o estudo de um segundo ponto fundamental para a compreensão deste trabalho: a área de espionagem e suas características históricas e conceituais. A Visão Remota foi desenvolvida inicialmente dentro do âmbito puramente científico, de exploração parapsicológica, mas seu uso foi rapidamente moldado para fins geopolíticos sob a tutela de agências governamentais estadunidenses de segurança. Este capítulo visa, então, familiarizar o leitor com os termos técnicos e métodos de obtenção de informações que em sua maior parte estão protegidas e são classificadas como de segurança nacional.

De acordo com Michael Warner[220], a maior dificuldade para o estudo sistemático da área está no fato de ser predominantemente sigilosa, guardada nos arquivos dos Estados.[221] Tais segredos podem resultar em implicações para as relações entre países, algo que

---

[220] WARNER, Michael. **The rise and fall of Intelligence: An international security history.** Washington: Georgetown University Press, 2014.
[221] Ibidem.

pode ser de grande gravidade política, econômica ou militar. Isso pôde ser comprovado mais recentemente com a divulgação, por meio do sítio Wikileaks[222], de documentos sobre atos de espionagem entre supostos países aliados (como os Estados Unidos da América sobre a Alemanha de Angela Merkel[223] ou em relação ao Brasil, espionado pelos EUA no período do governo Dilma Rousseff[224]). Na perspectiva de Warner, falando sobre a dificuldade de acesso e limitação nos dados existentes:

> "Há muito disponível para acesso público hoje e os acadêmicos precisam tratar os dados já acessíveis nos arquivos. Muito mais, porém, permanece atrás do véu oficial do sigilo. Décadas podem passar antes que fatos cruciais emerjam para preencher as lacunas em nosso conhecimento e alguns fatos jamais serão liberados publicamente. Apesar dessas lacunas permanecerem significativas, já se sabe

---

[222] **What is Wikileaks.** Disponível em: <https://wikileaks.org/What-is-Wikileaks.html>. Acesso em 25 de outubro de 2017.

[223] **NSA tapped German Chancellery for decades, WikiLeaks claims.** Disponível em: < https://www.theguardian.com/us-news/2015/jul/08/nsa-tapped-german-chancellery-decades-wikileaks-claims-merkel >. Acesso em: 25 de outubro de 2017.

[224] **WikiLeaks: Dilma, ministros e avião presidencial foram espionados pela NSA.** Disponível em: < https://noticias.uol.com.br/internacional/ultimas-noticias/2015/07/04/wikileaks-dilma-ministros-e-aviao-presidencial-foram-espionados-pela-nsa.htm>. Acesso em: 25 de outubro de 2017.

> o suficiente para criar uma reflexão real e apenas o domínio dessa percepção e o entendimento a respeito da Inteligência permite nos dar esperança de maior controle público sobre seus efeitos."[225] [Tradução livre]

Com base nesse entendimento, percebe-se a necessidade de utilização dos documentos disponíveis mesmo que sejam incompletos e a compreensão total do objeto de estudo (no caso: a Visão Remota como ferramenta de espionagem) pode mudar em qualquer direção no futuro (positiva ou negativa; realidade ou mentira; projeto em andamento ou finalizado, etc.).

Assim, tendo a compreensão da limitação dos dados disponíveis, seja sobre os métodos de ação ou de tratamento de informações em Inteligência, será feita breve exposição das áreas de estudo e os termos conhecidos utilizados da área, assim como um rápido sobrevoo sobre a história do campo a fim de compreender seus desafios e potencialidades.

---

[225] Tradução livre para: "There is much in the publicly available record today, and scholars need to address what already sits in the archives. Much more, of course, remains behind the official veil of secrecy. Decades might pass before crucial facts emerge to fill gaps in our knowledge, and some facts will never be released. Though those gaps will remain significant, enough is known to create real insight, and only by grasping that insight and understanding intelligence can we hope to increase public control over its effects.". WARNER, Michael. Opus Citatum. p. 337.

## 3.1. COMPREENSÃO DAS RELAÇÕES INTERNACIONAIS

As atividades de Inteligência encontra-se dentro do campo de atuação dos Estados, o que as coloca sob escrutínio dos campos científicos que estudam sua atuação: Ciência Política, para ameaças internas, e Relações Internacionais, para ameaças externas.[226] Como a Visão Remota foi desenvolvida para uso dos Estados Unidos da América contra a União Soviética, no contexto da Guerra Fria, torna-se necessária a compreensão, mesmo que superficial, dos paradigmas que regem as relações entre Estados e suas disputas.

A ciência das Relações Internacionais não possui uma vertente teórica predominante, cada diferente paradigma altera a importância dos atores que influenciam o comportamento dos Estados uns em relação aos outros. Assim, a fim de compreender de forma completa o debate e o que cada vertente significa, segue-se breve lista com os principais

---

[226] HERMAN, Michael. Intelligence Services in the Information Age: Theory and Practice. Londres: Frank Class, 2001. Resenha de: CEPIK, Marco Aurélio C.; Serviços de Inteligência na Era da Informação? **Revista de Sociologia e política**, Nº 18, p. 153-155, 2001.

paradigmas das Relações Internacionais na perspectiva de Jatobá[227]:

- Realismo Político: os Estados são os principais atores internacionais. Apenas relações de poder controlam a vontade dos Estados, prevalecendo a desconfiança e insegurança. Os Estados usarão qualquer meio, inclusive a guerra, para atingirem seus objetivos.[228]

> "Os realistas ressaltam sua visão pessimista da natureza humana, ponto de partida para a discussão sobre a relevância do poder para deter as ameaças à segurança nacional, que podem colocar em risco a própria sobrevivência do Estado."[229]

- Internacionalismo Liberal: os indivíduos e os grupos de interesse são os principais atores internacionais. O Estado é uma entidade complexa que representa diferentes setores da sociedade e o fim é otimista: a paz mundial, proporcional à

---

[227] JATOBÁ, Daniel; LESSA, Antonio Carlos (Coord.); OLIVEIRA, henrique Altemani de (Coord.); **Teoria das Relações internacionais.** São Paulo: Saraiva, 2013. (Temas Essenciais em R.I. vol. 2)
[228] Ibidem.
[229] Ibidem. p. 20.

liberdade individual. Existem três pilares de sustentação para essa vertente:

- o a) "liberalismo republicano": a noção de que países democráticos evitam entrar em guerra entre si;[230]

- o b) "liberalismo comercial"[231]: a percepção de que quanto mais livre o comércio internacional, maiores os laços de interdependência e menor a chance de guerra;

- o c) "liberalismo regulatório"[232]: a defesa da criação de instituições internacionais que, por meio do direito, regularão conflitos e diminuirão a chance de guerra.[233]

- • Globalismo: perspectiva predominantemente marxista, que dá às forças econômicas o papel principal de

---

[230] Ibidem. p. 39.
[231] Idem.
[232] Idem.
[233] Ibidem.

determinar quais países tentarão dominar/submeter outros. Também explica as guerras como processos econômicos de domínio de mercados ou competição entre grandes centros produtores.[234]

Dos três paradigmas principais, o realista pode ser visto como o central para o estudo da Inteligência como ferramenta do Estado. Jatobá afirma que essa é "a visão de mundo dominante entre acadêmicos e tomadores de decisão"[235]. Baylis e Smith[236] afirmam que o "(...) Realismo tem sido a forma dominante de explicar a política mundial nos últimos cem anos."[237] Como afirma Warner, a área de Inteligência é "(...) um negócio quintessencialmente Realista"[238].

---

[234] Ibidem.

[235] Ibidem. p. 18.

[236] BAYLIS, John; SMITH, Steve. **The globalization of world politics: an introduction to International Relations**. 3ª Ed. Oxford: Oxford University Press, 2006.

[237] Tradução livre para: "(...) Realism has been the dominant way of explaining world politics in the las one hundread years.". Ibidem. p. 4.

[238] Tradução livre para: "(...) it is a quintessentually Realist enterprise." WARNER, Michael. Ibidem. p. 4.

Por fim, cabe ressaltar que um dos principais pensadores do Realismo, Hans Morgenthau[239], afirma que a ação de espionagem pode caber diretamente aos agentes diplomáticos. Para ele: "quando se trata de aquilatar o poder real e potencial de uma nação, a missão diplomática assume características de uma sofisticada e sigilosa organização de espionagem."[240]

Tendo sido estabelecido o campo maior onde desenvolvem-se as ações do Estado e, em particular, de Inteligência, o próximo tópico a ser tratado diz respeito aos conceitos que permitem compreender a área e seus assuntos.

## 3.2. CONCEITOS EM INTELIGÊNCIA

Adentra-se, então, na área conceitual da Inteligência, definindo seus limites e suas características. Tais conceitos serão utilizados de forma ampla no capítulo que trata sobre Visão Remota.

---

[239] MORGENTHAU, Hans. **A política entre as nações: a luta pelo poder e pela paz.** Trad. Oswaldo Biato. Brasília: Editora Universidade de Brasília: Imprensa Oficial do Estado de São Paulo: Instituto de Pesquisa de Relações Internacionais, 2003. (Clássicos IPRI)
[240] Ibidem. p. 976.

### 3.2.1. Definição de Inteligência

Inteligência pode ser definida de diferentes formas, todas próximas umas das outras. Como será exposto na parte histórica deste capítulo, o termo é mais abrangente que aquele que se refere à espionagem e pode ser definido, na visão de Warner, como "(...) uma forma de poderes soberanos usarem meios secretos para protegerem os interesses de outros e seus próprios (...)"[241] [Tradução livre] sendo "(...) uma forma de mitigar potenciais desastres e, talvez, guiar o futuro."[242] [Tradução livre]

De acordo com Johnson[243], o estudo da Inteligência pode ser dividido em inteligência tática (de uso iminentemente militar, referindo-se a condições de atuação em campo de batalha) e estratégica (com foco em conhecer e compreender o mundo de forma a embasar decisões e ações do Chefe de Estado). O segundo uso, estratégico, é o que caracteriza o campo de estudo como um todo de forma ampla e foca em dar

---

[241] Tradução livre para: "(...) is a way for sovereign powers to use secret means to protect their own and further their interests (...)". Ibidem. p. 4.
[242] Tradução livre para: "(...) a way of mitigating potential disasters, and, perhaps, of guiding the future." Ibidem. Idem.
[243] JOHN, Loch K. (Editor) **Handbook of Intelligence studies.** Reino Unido: Routledge, 2007.

aos líderes políticos compreensão sobre potenciais riscos e ganhos no cenário interno ou internacional. Ele ressalta que o que diferencia a Inteligência da simples observação de notícias públicas é que aquela é muitas vezes envolvida pelo manto do segredo, onde espiões se esforçam e correm riscos para extraírem informações que outros países tentam esconder.[244]

De acordo com Peter Grill[245], em interpretação ampla e que guiará este estudo, Inteligência é:

> "o termo guarda-chuva referindo-se a uma gama de atividades – do planejamento e coleção de informação à análise e disseminação – conduzidas em segredo e direcionadas à manutenção ou melhoramento da segurança relativa por meio de avisos prévios sobre ameaças ou potenciais ameaças de forma que seja possível a oportuna implementação de políticas e estratégias preventivas, incluindo, quando desejável, atividades secretas."[246]

Ressalte-se definição de Inteligência advinda de revista editada pela Agência Brasileira de Inteligência

---

[244] Ibidem.
[245] GRILL, Peter. Knowing The Self, Knowing The Other. JOHN, Loch K. (Editor) **Handbook of Intelligence studies.** Reino Unido: Routledge, 2006.
[246] Ibidem. p. 89.

(ABIN) onde, de acordo com Lucas Carlos Guedes[247], Inteligência é "uma atividade especializada, de caráter sigiloso, permanentemente exercida com o objetivo de produzir conhecimentos de interesse do cliente/usuário/consumidor"[248].

Por fim, é importante adicionar o conceito de Contrainteligência, definido também pela ABIN como "a produção de conhecimentos e a realização de ações voltadas para a proteção de dados, conhecimentos, infraestruturas críticas – comunicações, transportes, tecnologias de informação – e outros ativos sensíveis e sigilosos de interesse do Estado e da sociedade."[249] Esse tipo de atividade seria uma resposta à espionagem patrocinada por governos estrangeiros.[250]

---

[247] GUEDES, Lucas Carlos. A mãe das Inteligências. **Revista Brasileira de Inteligência**. Brasília: Abin, v.2, pp. 21-35, 2006.
[248] Ibidem. p. 22.
[249] **Contrainteligência.** Disponível em: < http://www.abin.gov.br/atividadeinteligencia/inteligenciaecontraint eligencia/contrainteligencia/>. Acesso em 16 de novembro de 2017.
[250] Ibidem.

### 3.2.2. Atores de Inteligência

Os atores de Inteligência, de acordo com Andregg[251], dividem-se em cinco tipos:

- "Coletores"[252] [Tradução livre]: coletam informações por meios técnicos (máquinas ou seres humanos) e direcionam aos agentes hierárquicos superiores. Eles protegem as pessoas que fornecem as informações;

- "Analistas"[253] [Tradução livre]: combinam informações secretas com públicas. Geram análises imparciais em formato acadêmico ou seguindo padrões formais;

- "Operadores"[254] [Tradução livre]: são os tradicionais espiões, agindo efetivamente para coletar informações ou alterar situações de acordo com a vontade de seus superiores. De acordo com Andregg, eles são os que mais

---

[251] ANDREGG, Michael. Intelligence Ethics. In: JOHN, Loch K. (Editor) **Handbook of Intelligence studies.** Reino Unido: Routledge, 2006.
[252] Tradução livre para: "Collectors (...)" Ibidem. p. 52.
[253] Tradução livre para: "Analystis (...)" Ibidem. p. 52.
[254] Tradução livre para: "Operators (...)" Ibidem. p. 52.

provavelmente estarão propensos a "matar, chantagear, extorquir ou torturar em seu trabalho"[255]. Também lidam com traidores de outros países que lhes fornecem informações;

- "Gerentes"[256] [Tradução livre]: gerenciam o trabalho de todos os anteriores. Lidam com questões burocráticas;

- "Agentes políticos"[257] [Tradução livre]: são os tomadores finais de decisão. O trabalho de todos os outros têm como objetivo embasar as decisões desses atores.[258]

### 3.2.3. Princípios da Atividade de Inteligência

Guedes afirma que os princípios básicos que sustentam a atividade de inteligência são:

- Segurança: apenas pessoas autorizadas devem ter acesso à informação;

---

[255] Tradução livre para: "kill, blackmail, extort and torture in their work". Ibidem. p. 52.
[256] Tradução livre para: "Managers (...)" Ibidem. p. 53.
[257] Tradução livre para: "Policy Makers (...)". Ibidem. p. 53.
[258] Ibidem.

- Clareza: a informação deve permitir compreensão imediata;

- Amplitude: a informação deve ser a mais ampla possível;

- Imparcialidade: isenção de subjetivismos que levem a distorções interpretativas;

- Objetividade: reduzir riscos e custos buscando atingir objetivo predeterminado;

- Utilidade: a informação deve permitir alguma tomada de decisão;

- Exclusividade: a informação deve ser exclusiva; e, o que ele classifica como princípio essencial;

- Convicção: tais informações compiladas expressariam a convicção do órgão que as produziu. [259]

Na perspectiva do manual militar FM 2-22.3[260], do Exército dos Estados Unidos da América, princípios

---

[259] Ibidem.
[260] Headquarters, Department of the Army. **FM 2-22.3 (FM 34-52): Human Intelligence Collector Operations.** Disponível em:

semelhantes são classificados como dentro do campo de produção de relatórios de inteligência (por meio de espião humano, como veremos a seguir) e listados da seguinte forma:

- "Precisão"[261] [Tradução livre]: refletindo a informação coletada de forma precisa;

- "Concisão"[262] [Tradução livre]: evitando-se palavras desnecessárias;

- "Clareza"[263] [Tradução livre]: linguagem simples e de fácil entendimento;

- "Coerência"[264] [Tradução livre]: uso de formatos padronizados e de forma lógica;

- "Completude"[265] [Tradução livre]: Entrega de todas as informações coletadas;

- "Pontualidade"[266] [Tradução livre]: a informação deve ser entregue o quanto antes;

---

<https://www.state.gov/documents/organization/150085.pdf>. Acesso em 1 de novembro de 2017.
[261] Tradução livre para: "Accuracy". Ibidem. p. 10-1
[262] Tradução livre para: "Brevity". Ibidem. p. 10-1.
[263] Tradução livre para: "Clarity". Ibidem. p. 10-1.
[264] Tradução livre para: "Coherence". Ibidem. p. 10-1.
[265] Tradução livre para: "Completeness". Ibidem. p. 10-1.
[266] Tradução livre para: "Timeliness". Ibidem. p. 10-1.

- "Acessibilidade"[267] [Tradução livre]: os dados coletados devem permitir liberação para agências multilaterais associadas.[268]

### 3.2.4. O Ciclo de Inteligência

De acordo com Jan Goldman[269], o ciclo de inteligência, que é o processo pelo qual a informação é adquirida e processada para entrega a clientes, é composto pelas mesmas etapas que aparecem no sítio da CIA[270], que as explica da seguinte forma:

- "Planejamento e Direção"[271] [Tradução livre]: Discussão e planejamento sobre o que precisa ser feito;

- "Coleta"[272] [Tradução livre]: coleta de informações públicas e secretas, por meios humanos ou tecnológicos;

---

[267] Tradução livre para: "Releasability". Ibidem. p. 10-1.
[268] Ibidem.
[269] GOLDMAN, Jan. **Words of Intelligence: a dictionary.** Maryland; Toronto; Oxford: The Scarecrow Press, 2006.
[270] **The Intelligence Cycle.** Disponível em: <https://www.cia.gov/kids-page/6-12th-grade/who-we-are-what-we-do/the-intelligence-cycle.html>. Acessado em: 1 de novembro de 2017.
[271] Tradução livre para: "Planning and Direction". Ibidem.
[272] Tradução livre para: "Collection". Ibidem.

- "Processamento"[273]  [Tradução livre]: processo de condensamento das informações coletadas em relatórios de inteligência;

- "Análise e Produção"[274] [Tradução livre]: processo de análise e discussão das informações coletadas, determinando sua importância e como elas afetam os interesses do Estado;

- "Disseminação"[275]  [Tradução livre]: processo em que os documentos finais são entregues aos tomadores de decisão no campo político. [276]

Para Cepik[277], porém,

> "a ideia de ciclo de inteligência deve ser vista como uma metáfora, um modelo simplificado que não corresponde exatamente a nenhum sistema de inteligência realmente existente. (...) A principal contribuição da ideia de ciclo de inteligência é justamente ajudar a compreender essa transformação da informação e explicitar a existência

---

[273] Tradução livre para: "Processing". Ibidem.
[274] Tradução livre para: "Analysis and Production". Ibidem.
[275] Tradução livre para: "Dissemination". Ibidem.
[276] Ibidem.
[277] CEPIK, Marco A. C. **Espionagem e democracia.** Rio de Janeiro: Editora FGV, 2003.

> desses fluxos informacionais entre diferentes atores (usuários, gerentes, coletores, analistas etc.)."[278]

## 3.2.5. Disciplinas da Área de Inteligência

As atividades de coleta, dentro do ciclo de inteligência, podem ser divididas nas seguintes disciplinas especializadas, assim classificadas por Cepik:

- "HUMINT"[279] (*"human intelligence"*[280] – "(...) inteligência obtida a partir de fontes humanas (...)"[281]): trata-se de eufemismo para tirar o peso político/jurídico da atividade de espionagem. Lida com Inteligência coletada por seres humanos, por meio de persuasão, engano, roubo/furto ou qualquer outro meio. São os tradicionais espiões, mas também oficiais de inteligência que gerenciam o processo de coleta e podem receber informações secretas dos chamados informantes, às vezes pessoas que não

---

[278] Ibidem. p. 32.
[279] Ibidem. p. 36.
[280] Idem.
[281] Idem.

sabem que estão traindo o próprio país, como: acadêmicos, emigrantes, turistas etc. Também inclui agentes diplomáticos em sentido amplo (adidos culturais, adidos militares e os próprios diplomatas e cônsules) fornecendo informações sobre o país onde encontram-se;

- "SIGINT"[282] ("*signals intelligence*"[283] – "(...) inteligência de sinais (...)"[284]): são informações coletadas por meio da captura/interceptação de sinais eletrônicos/informacionais dos alvos observados. Incluem códigos Morse e comunicações criptografadas via rádio.[285] Tal disciplina divide-se em:

  - "COMINT"[286] ("*comunications intelligence*"[287] – "Inteligência de comunicações (...)" [288]): com foco na interceptação de

---


[282] Ibidem. p. 40.
[283] Idem.
[284] Idem.
[285] Ibidem.
[286] Ibidem. p. 40.
[287] Idem.
[288] Idem.

comunicações por meio de varreduras de sinais de inteligíveis (mesmo que cifrados), incluindo a localização da emissão dos sinais e a análise do tráfego;

o "ELINT"[289] ("*electronics intelligence*"[290] – "(...) inteligência eletrônica (...)"[291]): voltada para a observação de sinais eletrônicos "não-comunicacionais"[292] característicos de eventos e equipamentos, como, por exemplo: detecção de submarinos, localização de radares e etc.;

• "IMINT"[293] ("*imagery intelligence*"[294] – "(...) inteligência de imagens."[295]): é centrada no uso de imagens de satélites (incluindo estações espaciais) ou

---

[289] Ibidem. p. 40.
[290] Idem.
[291] Idem.
[292] Idem.
[293] Ibidem. Ibidem. p. 44.
[294] Idem.
[295] Idem.

fotografias aéreas (por aviões, drones ou balões no início da história da aviação);

- "MASINT"[296] ("*measurement and dignature intelligence*"[297] – "(...) inteligência derivada de mensuração e 'assinaturas' (...)" [298]): com foco na medição, por meio de equipamentos avançados, de modificações sutis em campos eletromagnéticos, abalos sísmicos, níveis de radiação e outras características que revelem eventos não naturais sendo produzidos pela parte observada, como: testes nucleares, desenvolvimento de novas tecnologias em mísseis, desenvolvimento de armas químicas (a partir da observação de elementos químicos chave na atmosfera) etc.;

- "OSINT" [299] ("*open sources intelligence*"[300] – "(...) inteligência de

---


[296] Ibidem. p. 49.
[297] Idem.
[298] Idem.
[299] Ibidem. p. 51.
[300] Idem.

fontes ostensivas (...)"[301]): voltada para o monitoramento de informações publicamente disponíveis, como a programação de rádio e televisão públicos, livros publicados e qualquer meio legal de obtenção de informação.[302]

As definições em outras fontes são semelhantes, como as presentes no livro *Handbook of Intelligence Studies*[303], com algumas variações como a que existe no sítio da CIA, que insere as disciplinas de "FISINT"[304] (*Foreign Instrumentation Signals Intelligence* - voltada para detecção de armas sendo testadas em outros países) e "GEOINT"[305] ("*Geospatial Intellligence*"[306] – com foco em imagens de satélite, mas incorporando IMINT).

Em ligação com a Visão Remota, o ex-espião militar David Morehouse, em *podcast* para a editora *Sounds True*, fala sobre a existência da disciplina

---

[301] Idem.

[302] Ibidem.

[303] JOHN, Loch K. (Editor). Ibidem.

[304] **INTelligence: Signals Intelligence.** Disponível em: < https://www.cia.gov/news-information/featured-story-archive/2010-featured-story-archive/intelligence-signals-intelligence-1.html>. Acesso em: 2 de novembro de 2017.

[305] Idem.

[306] Idem.

"PSYINT"[307], relacionada com a inteligência coletada por meios psíquicos.

## 3.3. HISTÓRIA GERAL DAS ATIVIDADES DE INTELIGÊNCIA

Como forma de contextualizar o tema e relacioná-lo, historicamente, com o desenvolvimento da Visão Remota, este subcapítulo traz, de forma sucinta, a história da área de Inteligência, desde seus primeiros momentos.

### 3.3.1. Dos Primórdios Até a Guerra-Fria

De acordo com a perspectiva histórica de Liulevicius[308], a espionagem é executada desde tempos pré-históricos. Ele afirma que a atividade aparece pela primeira vez em tabuleta datada de aproximadamente 2000 a.C., relatando comunicação do comandante Bannum a seu superior, dando

---

[307] **David Morehouse. Soundstrue.com.** Disponível em: <http://www.soundstrue.com/podcast/transcripts/david-morehouse.php?camefromhome=camefromhome>. Acesso em 13 de junho de 2018.

[308] LIULEVICIUS, Vegas Gabriel. **Espionage and Covert Operations: A Global History.** Virginia: The Great Courses, 2011. Disponível em: < http://download.audible.com/product_related_docs/BK_TCCO_000082.pdf >. Acesso em: 2 de novembro de 2017.

informações sobre vilas na fronteira que se comunicavam por meio de sinais de fumaça e que o significado daquilo seria averiguado. Ele adiciona à lista as comunicações diplomáticas entre hititas e egípcios datadas de 1320 a.C.. A Bíblia teria referências a atividades de espionagem executadas por Josué ao enviar espiões até Jericó, em 1200 a.C.. Dalila seria assemelhada a uma espiã em suas ações contra Sansão, assim como Judas estaria trabalhando como espião ao delatar Jesus Cristo para as autoridades romanas.[309]

Os relatos orientais começariam em 300 a.C., com o texto hindu de Kautilya, chamado *Arthashastra*, que contém instruções políticas e delimita as ações de espionagem.[310] O mesmo documento é classificado por Warner como a mais detalhada reflexão da antiguidade sobre a espionagem.[311] Kautilya afirmava que os espiões devem ser organizados de forma institucional, na forma de um "instituto de espionagem"[312] [Tradução livre] e as atividades

---

[309] Ibidem.
[310] Ibidem.
[311] WARNER, Michael. Ibidem.
[312] Tradução livre para: "(...) 'institue of espionage' (...)". LIULEVICIUS, Vegas Gabriel. Ibidem. p. 15.

características incluiriam "(...) envenenamento, sabotagem, guerra psicológica (...) disseminação de dissensão e suspeição por meio de rumores, desinformação, subornos e sabotagem."[313] [Tradução livre] As mesmas atividades teriam ocorrido no Império Persa, por volta de 500 a.C., e Grécia.[314] O general chinês Sun Tzu também falou a respeito no livro "<u>A arte da Guerra</u>"[315], por volta de 490 a.C., com o último capítulo exclusivamente dedicado ao emprego de espiões. Em espionagem interna, Alexandre o grande teria ordenado interceptação de comunicações após saber de descontentamento de suas tropas.[316] O conflito grego de Troia, com o conhecido Cavalo de Troia, também seria um exemplo de aplicação de atividade de espionagem no ocidente. Esparta, por sua vez, usava espiões militares internos para controlar os escravos. Os gregos também teriam desenvolvido formas primitivas de codificação de mensagens, assim como os romanos.[317]

---

[313] Tradução livre para: "(...) poison, sabotage, and psychological warfare (...) spread dissension and suspicion through rumors, disinformation, bribes, and sabotage." Ibidem. P. 15.

[314] LIULEVICIUS, Vegas Gabriel. Opus Citatum.

[315] TZU, Sun. **A arte da Guerra.** Ttradução de james Clavell. São Paulo: Editora Record, 2001.

[316] LIULEVICIUS, Vegas Gabriel. Opus Citatum.

[317] Ibidem.

No início do que poderiam ser chamados os Estados modernos, as atividades de Inteligência eram realizadas de forma desburocratizada, por meio de mercadores viajantes, membros da igreja, soldados e agentes individuais que coletavam e repassavam informações conforme viajavam por diferentes locais. Também é destacada a importância de ações de Inteligência durante as cruzadas, como as realizadas no Báltico. Nesse sentido militar, a Guerra dos Cem Anos, entre Inglaterra e França, já registrava o uso de espiões de forma generalizada, especialmente entre membros da igreja. O monarca inglês teria expulsado todos os padres franceses de seu país, por medo de atuarem como espiões. Na década de 1580, os ninjas japoneses foram exemplo de atividade de Inteligência na condução de guerras assimétricas dos agricultores contra os senhores feudais. Posteriormente, esses mesmos senhores feudais contratariam ninjas como espiões ou guardas. Em sentido similar, o mesmo ocorreria com o grupo dos *Hasishin* (assassinos), que compreendiam muçulmanos xiitas, entre os anos 1095 e 1256.[318]

---

[318] Ibidem.

Liulevicius afirma que o desenvolvimento da diplomacia moderna, que inclui o potencial para atividades de espionagem, mudou o panorama das ações de Inteligência. Diplomatas, que trabalham de forma pública e secreta, são vistos, assim, como espiões com o privilégio da imunidade diplomática. Aqui, é lembrado o papel de Maquiavel no sentido de estabelecer as bases intelectuais para a ação estatal isenta de parâmetros morais.[319]

Na Inglaterra, o chamado "pai da espionagem moderna"[320] [Tradução livre] foi o secretário da Rainha Elisabete, Sir Francis Walsingham. Seu trabalho era o de localizar espiões estrangeiros em Londres. Seus agentes serviam diretamente a Walsingham e às vezes eram pagos de seu próprio bolso. Décadas mais tarde, no século XVII, sob governo de Oliver Cromwell, o cargo de chefe dos espiões foi ocupado por John Thurloe.[321]

Na Espanha, o Rei Felipe II manteve amplo sistema de espionagem baseado em embaixadas, controladas pelo Conselho de Estado. Assim, surge

---

[319] Ibidem.
[320] Tradução livre para: "the father of modern intelligence". Ibidem. p. 32.
[321] Ibidem.

cargo específico para gerenciamento de atividades de Inteligência: "espião maior da corte e superintendente das inteligências secretas"[322]. O país viveu a criação do primeiro serviço de inteligência com vertente militar, além da civil, em 1808, durante a guerra de independência.[323]

Na França, o Cardeal de Richelieu chegou ao poder em 1624 e estabeleceu rede de espionagem controlada pelo frade capuchino François Leclerc du Tremblay, que utilizava monges como agentes de inteligência.[324] Em 1745, a França contava com rede de espiões que atuavam a partir de embaixadas, mas com corpo distinto dos diplomatas, conhecido como *"Secret du Roi"*[325] *(ou* Segredo do Rei, em Tradução livre). Napoleão utilizava-se de uma polícia secreta, de espiões e especialmente de espionagem militar para reconhecimento de campos de batalha e posicionamento de inimigos.[326]

---

[322] Tradução livre para: "espía mayor de la corte y superintendente de las inteligencias secretas". HERMOSILLA, Juan Carlos Herrera. **Breve historia del espionaje.** Madri: Ediciones Nowtillus, 2012, [Versão Kindle] Localização 781.

[323] Ibidem.

[324] Ibidem.

[325] Ibidem. Localização 1206.

[326] Ibidem.

Na Rússia, em 1697, o Tsar Pedro I criou a burocracia conhecida como "*Preobrazhenski Prikaz*"[327] que centralizou os espiões policiais, com desenvolvimento posterior criando rede militar e internacional. O país criou a primeira escola de inteligência,[328] na forma da célula para ações exteriores[329] da polícia secreta dos Tsares, a *Okhrana, a* "Casa de Ukrainev"[330].[331]

Na Prússia, a espionagem do século XIX focava-se em assuntos internos de perseguição a inimigos do sistema por meio de agentes policiais. Foram perseguidos os seguidores de Karl Marx após 1848. Externamente, o mesmo objetivo foi perseguido na vizinha França, em 1851, com infiltração de grupos socialistas. Após 1862, foi criada a "Central-Nachrichtenbüro"[332], o escritório central de informações, para espionagem internacional, com

---

[327] Ibidem. Localização 854.

[328] ARAÚJO, Raminundo Teixeira de. História Secreta dos Serviços de Inteligência. São Luís: Ed. Do autor, 2004. Resenha de: FARIAS, Regina Marques Braga. **Revista Brasileira de Inteligência**. Brasília: Abin, v.2, pp. 85-89, 2005.

[329] HERMOSILLA, Juan Carlos Herrera. Opus Citatum.

[330] ARAÚJO, Raminundo Teixeira de. Opus Citatum. p. 88.

[331] Ibidem.

[332] HERMOSILLA, Juan Carlos Herrera. Opus Citatum. Localização 1189.

atuação independe da chancelaria. Tal órgão teve importância central no esforço bismackiano de unificação dos territórios alemães. Em determinado momento, mais de quatro mil espiões operavam na França.

Nos Estados Unidos da América, George Washington utilizou da espionagem como forma de combate contra os ingleses durante a guerra de independência. Em 10 de setembro de 1775 (por meio do "Segundo Congresso Continental"[333] [Tradução livre], que reunia pela segunda vez os delegados das treze colônias), foram criados o "Comitê Secreto"[334] [Tradução livre], o "Comitê de Correspondência"[335] [Tradução livre] e o "Comitê de Espiões"[336] [Tradução livre]. O primeiro para espionagem interior; o segundo para espionagem externa; e o terceiro para captação de agentes. Em 1777 esse Comitê passaria a chamar-

---

[333] Tradução livre para: "(...) Segundo Congreso Continental (...)". Ibidem. Localização 1051.

[334] Tradução livre para: "(...) Comité Secreto (...)". Ibidem. Localização 1070.

[335] Tradução livre para: "(...) Comité de Correspondencia (...)". Ibidem. Localização 1070.

[336] Tradução livre para: "(...) Comité de Espías (...)". Ibidem. Localização 1071.

se "Comitê de Assuntos Exteriores"[337] [Tradução livre]. Durante o período da guerra civil (1861 - 1865), foram utilizados agentes de campo, escravos libertos sulistas e contrabandistas que viajavam pelos territórios inimigos da União.[338]

Em 1914, a Europa já via a espionagem profissionalizada, servindo aos ministros a partir de órgãos específicos. Contudo, os diferentes órgãos de espionagem tinham má comunicação, já que eram divididos principalmente entre policiais e militares. Isso seria solucionado ao final da Primeira Guerra Mundial, com a formação de estruturas burocráticas não mais de espionagem, mas de Inteligência, que reuniam informações de diferentes fontes.[339]

A enorme destruição da guerra modificou os paradigmas dos conflitos bélicos, que perderam os limites até então concebidos. O impacto do uso da espionagem modificou a área, que agora via-se influenciada por três grandes fatores de impacto: a) uso de tecnologia (como aviões de reconhecimento e rádios) para obtenção de informações para uso por

---

[337] Tradução livre para: "(...) Comité de Assuntos Exteriores (...)". Ibidem. Localização 1082.
[338] Ibidem.
[339] WARNER, Michael. Ibidem.

comandantes e tomadores de decisões; b) a combinação de análise e operações de obtenção de mais informações; c) a percepção pelos líderes políticos do poder ganho por meio de maior e melhor Inteligência.[340]

A Segunda Guerra Mundial foi em boa parte vencida pelos Aliados devido ao trabalho de Inteligência que permitiu que países neutros na periferia do conflito passassem a apoiar diretamente as forças que combatiam o Eixo. A união entre as agências estadunidenses (OSS – *Office of Strategic Services*) e britânicas (SIS – *Secret Intelligence Service* / MI6) permitiu grande avanço rumo à vitória, inclusive na Ásia. Ao mesmo tempo, a guerra permitiu à União Soviética desenvolver seu serviço de Inteligência de forma isolada do esforço anglo-americano.[341]

### 3.3.2. A Guerra Fria: Compreensão Geral

O período da Guerra Fria é o foco deste estudo, sendo o espaço temporal onde houve a motivação e os esforços para desenvolvimento de novas técnicas de

---

[340] Ibidem.
[341] Ibidem.

espionagem, incluindo estudos psíquicos aplicados à Inteligência, que mantivessem um equilíbrio mínimo entre as capacidades dos dois blocos adversários. Dessa forma, aqui inicia-se a apresentação do pano de fundo do desenvolvimento da Visão Remota e de seu ambiente de emprego principal.

### 3.3.2.1. Compreensão das Relações Internacionais do Período

Após o fim do conflito militar, os dois grandes blocos político-ideológicos se separaram em posições antagônicas: de um lado da União Soviética, com controle sobre parte de Berlim (Alemanha Oriental), do outro os Estados Unidos e a Inglaterra ao lado dos países ocidentais destruídos pela guerra (como a França, Itália e Alemanha Ocidental). O mundo passou a viver um cenário de bipolaridade (dois grandes poderes) somando-se aos problemas de descolonização e as diferenças entre países desenvolvidos e subdesenvolvidos.[342]

---

[342] CERVO, Amado Luiz; BUENO, Clodoaldo. **História da política exterior do Brasil.** 2ª Edição. Brasília: Editora Universidade de Brasília, 2002.

O plano do lado estadunidense era a "(...) conquista de mercados (...)"[343] e o "(...) fortalecimento das relações econômicas visando ao crescimento da economia e à consolidação de poder dos Estados Unidos."[344] Do outro lado, "a União Soviética iniciara articulação para ocupar papel central nas redefinições estratégicas do pós-guerra."[345] Stalin queria preencher o vazio de poder na Europa.[346]

Esse conflito de interesses acontecia em meio a um novo ordenamento jurídico internacional, que teria como objetivo ideal a manutenção da paz, cristalizado na forma da Organização das Nações Unidas (ONU), criada em 1945 pela Carta de São Francisco. Foi uma reedição da fracassada tentativa anterior, no período pós Primeira Guerra Mundial, por meio da Sociedade das Nações.[347] Assim, a nova ordem internacional, apesar de uma roupagem jurídica nova, estava "engendrada na dinâmica da Segunda Guerra

---

[343] Ibidem. p. 269.
[344] Ibidem. p. 269.
[345] SARAIVA, José Flávio Sombra. Relações Internacionais – Dois séculos de história: entre a preponderância européia e a emergência americano-soviética (1815-1947). Brasília, IBIRI, 2001. p. 246..
[346] Ibidem.
[347] Ibidem.

Mundial"[348]. Assim define José Flávio Sombra Saraiva aquele momento histórico:

> "O mais importante dessa simbiose [2ª Guerra Mundial e nova ordem] foi a emergência dos flancos da Europa. Os Estados Unidos reuniam todas as condições para impor sua multilateralidade econômica ao mundo, como também o seu projeto de poder ocidental. A união Soviética, embora tenha saído enfraquecida militarmente, reconstruiu, pedra por pedra e arma por arma, suas cidades e seus exércitos. A Guerra Fria seria o novo ambiente de convivência difícil das duas superpotências ao longo da segunda metade da década de 1940 e de grande parte da de 1950."[349] [Comentários nossos]

### 3.3.2.2. As Atividades de Inteligência: Linhas Gerais

Nesse cenário, as atividades de Inteligência ajudaram a estabilizar o confronto. A Guerra da Coreia (1950 - 1953), que opôs comunismo e capitalismo no mesmo país, agora dividido em dois, teria levado ambos os lados do conflito maior a conhecerem melhor o potencial militar um do outro, mas ainda sobravam dúvidas estratégicas que precisariam ser sanadas por meio de atividades de inteligência.[350]

---

[348] Ibidem. p. 253.
[349] Ibidem. p. 253.
[350] WARNER, Michael.

Enquanto os Estados Unidos e aliados utilizavam muita tecnologia na obtenção de informações sobre os soviéticos, o outro lado usava HUMINT e OSINT para manter o cenário equilibrado (ou até com vantagem soviética). A sensação, de acordo Warner, era a de que nenhum dos atores arriscaria um conflito nuclear sem uma mudança considerável no peso estratégico existente.[351] "O papel-chave para o esforço de inteligência durante a Guerra Fria era o de prevenir o fim do mundo" [352] [Tradução livre].

Duas décadas depois de iniciado o cenário conflituoso, já se falava de forma ampla em acordos de contenção do potencial nuclear de ambas as partes. Porém, o embate ficava principalmente centralizado em combater influências políticas. Assim, Warner afirma que o ocidente atuou fortemente na chamada guerra psicológica, que os Estados Unidos tornaram prática por meio de infraestrutura de operações secretas no mundo desenvolvido.[353] Na América Latina, golpes de Estado foram realizados para

---

[351] Ibidem.
[352] Tradução livre para: "The key role of the intelligence struggle in the Cold War was to prevent the end of the world". Ibidem. p. 165.
[353] Ibidem.

derrubar governos de vertente socialista (ou assim percebidos) em diversos países como a Argentina, de Frondizi (1962); o Chile, durante o governo Salvador Allende (1973)[354]; e o próprio Brasil, com o golpe militar de 1964.[355]

Em visão temporal ampla, Warner afirma que o período foi inicialmente marcado por vitórias para o lado soviético/chinês na Indochina, África e América Latina, mas no decorrer do tempo essa influência teria mudado de predominância, exatamente por ação dos serviços de Inteligência ocidentais pró-capitalistas. [356] Em sua interpretação:

> "A aliança de inteligência anglo-americana, com a ajuda de aliados ocidentais e parceiros de conveniência não-ocidentais, mostrou-se crescentemente dominante e ultimamente vitoriosa em sua habilidade de conter, entender e influenciar Estados adversários que eram

---

[354] ÁVILA, Carlos Frederico Domínguez. O Golpe no Chile e a Política Internacional (1973): ensaio de interpretação. **História (São Paulo)**, v.33, n.1, p. 290-316, jan./jun, 2014. Disponível em: < http://www.scielo.br/pdf/his/v33n1/14.pdf>. Acesso em 14 de novembro de 2017.
[355] CERVO, Amado Luiz. **Relações Internacionais da América Latina: velhos e novos paradigmas.** Brasília: IBRI, 2001.
[356] WARNER, Michael. Opus Citatum.

105

motivados por uma ideologia materialista."[357] [Tradução livre]

### 3.3.3. O Mundo Pós-Guerra Fria

O mundo da Inteligência após o fim da União Soviética (e da Guerra Fria) viu sucessivos fracassos. A invasão que levou à Guerra do Kuwait não foi prevista pelo governo dos Estados Unidos. Da mesma forma, o teste nuclear indiano, em 1998, passou totalmente despercebido, sendo noticiado a partir de comunicado oficial do governo. De acordo com Warner, esse cenário era generalizado entre os serviços de Inteligência. O conflito nos Balcãs, por outro lado, levou ao teste prático, e bem-sucedido, da distribuição de informações de inteligência em tempo real para as tropas da OTAN (Organização do tratado do Atlântico Norte).[358]

Novos temas também ganharam espaço predominante, como terrorismo e ataques cibernéticos. O esforço de adaptar-se a esse tipo de inimigo não

---

[357] Tradução livre para: "The Anglo-American intelligence alliance, with help from Western allies and non-Western partners of convenience, showed itself increasingly dominant and ultimately victorious in its ability to contain, understand, and influence adversarial states that were motivated by a materialist ideology." Ibidem. p. 268.

[358] Ibidem.

estatal levou, ao longo do tempo e de forma secreta, em boa parte desvendada apenas pelo vazamento de informações ao sitio *Wikileaks*[359], à espionagem quase completa das sociedades modernas, implicando possível "perda de liberdades"[360].[361]

## 3.4. AGÊNCIAS DE INTELIGÊNCIA NOS EUA E NA URSS

As operações de Visão Remota de Inteligência aconteceriam dentro do âmbito de agências governamentais com esse fim. Por isso, faz-se necessária a observação superficial de suas histórias e a que funções estavam dedicadas naquele momento histórico.

### 3.4.1. História Concisa da CIA e DIA

A história da CIA ("Agência Central de Inteligência"[362] [Tradução livre]) começa com sua antecessora, a OSS ("Escritório de Serviços

---

[359] **WIKILEAKS**. Disponível em: <https://www.wikileaks.org>. Acesso em: 14 de novembro de 2017.
[360] LIULEVICIUS, Vegas Gabriel. Ibidem. p. 189.
[361] Ibidem.
[362] Tradução livre para: "Central Intelligence Agency". TURNER, Michael A.; WORONOFF, Jon (Editor). Ibidem. p. XIII. (Historical Dictionaries of Intelligence And Counterintelligence Series)

Estratégicos"[363] [Tradução livre]), mas também está ligada à história do FBI ("Departamento Federal de Investigação"[364] ).

### 3.4.1.1. O FBI

Criado em 1908, o *"Bureau of Investigation"*[365] (Departamento de Investigações, em Tradução livre) atuava como uma polícia com jurisdição federal. Ele foi criado após o Congresso estadunidense determinar que espiões e detetives privados não poderiam mais ser contratados pelo *Department of Justice* (equivalente ao Ministério da Justiça no Brasil) para a operação de investigação.[366]

Os atos de espionagem e sabotagem internas foram formalmente considerados crimes federais a partir da "Lei da Espionagem"[367] de 1917, a serem investigados pelo *Bureau*. Contudo, a corrupção

---

[363] Tradução livre para: "Office of Strategic Services". Ibidem. p. XVIII.
[364] Tradução livre para: "Federal Bureau of Investigation". Ibidem. p. XLV.
[365] WARNET, Michael. Ibidem. p 59.
[366] Ibidem.
[367] Ibidem. p. 59.

interna e ações de perseguição política a mando de parlamentares sujariam o nome da instituição.[368]

Em 1924, Edgar J. Hoover assumiu a chefia do Departamento de Investigações, mudando radicalmente a instituição. A partir de então, ela passaria apenas a investigar crimes e utilizaria padrões científicos para coleta de evidências, assim como treinamento padronizado de seus agentes e adoção de códigos éticos profissionais. Ainda assim, o juiz Louis Brandeis, da mais alta corte federal dos EUA (*Supreme Court*[369]), alegou, em 1928, que as tecnologias de grampo telefônico, pelo governo, tinham amplo uso.[370] Em 1936, o *Bureau*, renomeado *Federal Bureau of Investigation* (FBI), recebeu autorização do Presidente Roosevelt para investigar a ação de fascistas no país, abrindo as ações de contrainteligência interna.[371]

### 3.4.1.2. A OSS

Em 13 de junho de 1942, o Presidente Roosevelt, em meio à 2ª Guerra Mundial, estabelece o Escritório de Serviços Estratégicos (OSS). O órgão era

---

[368] Ibidem.
[369] Ibidem. p. 82.
[370] Ibidem.
[371] Ibidem.

utilizado para operações de sabotagem e infiltração durante a guerra, como as operações do *Detachment 101* em Burma, contra os japoneses, ou as equipes *Jedburgh*, que infiltraram as linhas alemãs.[372]

De acordo com o livro <u>*Operation Gladio: The Unholy Alliance Between the Vatican, The CIA and The Mafia*</u>[373], escrito por Paul L. Williams com base em documentos de processo penal italiano, a OSS também agiu de forma a criar uma aliança secreta com um grupo de guerrilheiros que misturava nazistas, maçons, mafiosos e membros de alto escalão do Vaticano (incluindo Papas), ainda durante a guerra, de forma a estabelecer uma força que pudesse impedir o avanço do socialismo no pós-guerra. A nomenclatura dos guerrilheiros começou como "lobisomens", mas passou para "gladiadores"[374] [Tradução livre], dando o nome da operação como um todo: "*Operation Gladio*"[375] ou Operação Gladio, em tradução livre.[376]

---

[372] Ibidem.
[373] WILLIAMS, Paul L. **Operation Gladio: the unholy alliance between the Vatican, the CIA, and the mafia.** Nova York: Prometheus Books, 2015. [Versão EPUB]
[374] TTradução livre para: "(...) gladiators (...)". Ibidem. Localização 34.
[375] Ibidem. Localização 30,5.
[376] Ibidem.

### 3.4.1.3. A Criação da CIA

O novo Presidente dos Estados Unidos, Harry S. Truman, que sucedeu Roosevelt após sua morte em abril, decide pela abolição da OSS no dia 1º de outubro. Em 22 de janeiro de 1946, o Presidente cria a *National Intelligence Authority* (NIA) e o *Central Intelligence Group* (CIG), comandado pelo "Diretor Central de Inteligência"[377] [Tradução livre] (DCI), que operaria sob comando da anterior. As forças armadas deveriam produzir informações para a CIG relacionadas com a capacidade militar soviética. Em 23 de julho estaria pronto o primeiro documento detalhando o potencial soviético.[378]

Em 26 de julho de 1947, o Congresso dos Estados Unidos aprovou o *National Security Act*[379] (Lei de Segurança Nacional, em Tradução livre) que gerou uma grande reformulação nas forças armadas. Também tal aprovação permitiu a criação da CIA, que foi estabelecida em 18 de setembro. Outro órgão criado

---

[377] Tradução livre para: "Director of Central Intelligence". TURNER, Michael A.; WORONOFF, Jon (Editor). Ibidem. p. XXVII.
[378] Ibidem.
[379] Ibidem. p. XXVIII.

pelo mesmo ato legal, o *National Security Council*[380] - NSC- (Conselho de Segurança Nacional, em Tradução livre), deu poderes para que a CIA atuasse em operações secretas.

Em 1948, a Operação Gladio, agora sob controle da CIA, lançava campanha de propaganda anticomunista na Itália. Em 1950 é lançada a *Radio Free Europe*[381] (Rádio Europa Livre, em Tradução livre), para propaganda anticomunista nos países ocupados pela União Soviética. Em 1952, o Congresso cria a *National Security Agency*[382] (traduzida livremente como Agência Nacional de Segurança). Um ano depois, a CIA cria sua divisão de Inteligência fotográfica.[383]

### 3.4.1.4. Controvérsias éticas

Em meio a tal apresentação, torna-se relevante lembrar casos controversos envolvendo procedimentos da CIA. Tais situações geraram abalo à credibilidade pública da agência e resultaram em protocolos de segurança interna que seriam

---

[380] Ibidem. p. XXVIII.
[381] Ibidem. p. XXVIII.
[382] Ibidem. p. XXVIII.
[383] Ibidem.

obrigatórios, em determinado momento, em meio às práticas de Visão Remota. O uso de hipnose, por exemplo, seria muito controverso e explicitamente negado em muitos dos documentos oficias da CIA sobre Visão Remota (como no documento RDP96-00787R-000200130008-0[384]).

Em abril de 1953, a CIA inicia a chamada operação "MK-Ultra"[385]. O termo (ou algum de seus outros nomes: *"Bluebird"*, *"Artichoke"* e *"MK-Delta"*)[386], como explicado pelo programa *ABC Evening News* transcrito em documento oficial da CIA, designou esforço "para controlar o comportamento por meio do uso de drogas, choques elétricos, cirurgias-psíquicas e outras técnicas sofisticadas"[387]. Prisioneiros foram

---

[384] **Appendix I – Suggested Protocol for Operational Remote-Viewing Exercise.** Disponível em: < https://www.cia.gov/library/readingroom/docs/CIA-RDP96-00787R000200130008-0.pdf>. Acesso em 29 de maio de 2018.
[385] **CIA Drugs, Brainwashing Programme: Inside Story.** Disponível em: < https://www.cia.gov/library/readingroom/docs/CIA-RDP99-00498R000100120130-7.pdf>. Acesso em: 16 de novembro de 2017.
[386] Ibidem.
[387] Tradução livre para: "(...) to control human behavior through the use of drugs, eletric shhock, psycho-surgery, and other rather sophisticated techniques." **CIA Revelations: Behaviour Control.** Disponível em: < https://www.cia.gov/library/readingroom/docs/CIA-RDP99-00498R000100100019-3.pdf>. Acesso em 16 de novembro de 2017.

submetidos a esses testes, sem qualquer padrão sanitário ou mesmo consentimento dos mesmos.[388] O Programa também abrangia hospitais, universidades, laboratórios farmacêuticos e instituições de pesquisa.[389]

O objetivo maior do Programa era "saber se a droga realmente poderia induzir à perda da força de vontade e memória"[390]. O procedimento envolvia também hipnose não consentida em indivíduos drogados à força. Os interrogatórios foram "muito bem-sucedidos"[391]. De acordo com documento produzido pela CIA, no dia 12 de setembro de 1983, tratou-se de reação contra informações que davam conta da capacidade da União Soviética de afetar o comportamento humano por meio de drogas. De acordo com o documento "(...) pesquisa e testes foram conduzidos em indivíduos que não sabiam que participavam de programa de pesquisa ou que estavam recebendo drogas. Esse teste geralmente

---

[388] Ibidem.

[389] **CIA Drugs, Brainwashing Programme: Inside Story.** Opus Citatum.

[390] Tradução livre para: "(...) wanted to know if the drug actually could induce loss of willpower and memory." **CIA Revelations: Behaviour Control.** Opus Citatum.

[391] Tradução livre para: "Interrogations were very well sucessful." Ibidem.

ocorria em situações sociais entre amigos e conhecidos do pesquisador."[392] [Tradução livre]

O livro _Operation Mind Control_[393], escrito pelo jornalista Walter Bowart em 1978, afirma que o Programa MK-Ultra foi utilizado em conjunto com técnicas de tortura, objetivando gerar artificialmente uma divisão da personalidade nas vítimas a fim de criar assassinos mentalmente programáveis, que executariam tarefas moralmente duvidosas com uma personalidade secundária e voltariam a viver suas vidas sem a lembrança disso, já com outra personalidade. Esse controle seria feito por pessoas envolvidas no processo, gerando um tipo de escravo mental daqueles que o haviam programado.[394]

No mesmo sentido, o biógrafo da artista de televisão e modelo Candy Jones (Jessica Wilcox),

---

[392] Tradução livre para: "research and tests where conducted on individuals who were not witting that they were the subjects of a research program and that they were given a drug. This unwitting testing generally took place in social situations among friends and acquaintances of the researcher." **Guidance on MK-Ultra.** Disponível em: <https://www.cia.gov/library/readingroom/docs/CIA-RDP85B01152R000200240001-1.pdf>. Acesso em 16 de novembro de 2017.

[393] BOWART, Walter. **Operation mind control.** Estados Unidos da América: Dell Publishing Co., 1978.

[394] Ibidem.

Donald Bain[395], teria relatado a história de como ela teria sido submetida ao Programa e desenvolvido dupla personalidade: uma alinhada com sua história de vida normal, outra a de uma espiã que transmitia mensagens secretas (ocultas de sua personalidade principal) entre líderes políticos de alto escalão (ou "mensageira hipno-programada da CIA"[396] [Tradução livre]):

> "'Ela seria assediada, humilhada e até torturada. (...) Seu papel foi pequeno, uma carregadora de mensagens, e o fato de que tenha escolhido inicialmente realizar tais tarefas, em troca de dinheiro, tornam os infortúnios que caíram sobre ela 'riscos de trabalho'. O que a Candy não tinha negociado, contudo, foi tornar-se uma cobaia em um projeto científico secreto da CIA no qual o controle da mente era o objetivo."[397]

Em documento de 1977, a CIA responde ao Senador Charles Mathias Jr., que não encontrou

---

[395] BAIN, Donald. **The control of Candy Jones**. Chicago: Playboy Press, 1976. [Versão Kindle]

[396] Tradução livre para: "hypno-programmed CIA courier". BOWART, Walter. Ibidem. p. 115.

[397] Tradução livre para: "'She would be harassed, badgered and even tortured.' (...) 'Her role was small, a carrier of messages, and the fact that she chose initially to perform such duties, for pay, renders the misfortunes that befell her 'occupational hazards.' What Candy hadn't bargained for, however, was becoming a human guinea pig in a secret CIA scientific project in which mind control was the goal ' . BAIN, Donald. Opus Citatum. p. 74.

qualquer nome listado no livro de Donald Bain em seus arquivos.[398]

Em grande pulo temporal, registre-se que o livro *"Harvard and the Unabomber: The Education of an American Terrorist"*[399] alegaria que o terrorista interno Unabomber (Theodore Kaczynski), que atacou diversos juízes na década de 1990, teria sido uma das vítimas de variações do MK-Ultra, de acordo com resenha de Oleson[400] e reportagem[401] sobre o livro.

---

[398] **RESULTS OF RECORDS SEARCH FOR ANY INFORMATION RE: LIST OF NAMES FROM BOOK, THE CONTROL OF CANDY JONES.** Disponível em: <https://www.cia.gov/library/readingroom/docs/CIA-RDP79M00983A001500010020-0.pdf>. Acesso em 16 de novembro de 2017.

[399] CHASE, Alston. **Harvard and the Unabomber: the education of an american terrorist.** Nova York: W. W. Norton & Co Inc, 2003.

[400] OLESON, J. C. Book Review of Harvard and the Unabomber: the education of an american terrorist. Resenha de: CHASE, Alston. Harvard and the Unabomber: the education of an american terrorist. Nova York: W. W. Norton & Company, 2003. **Western criminology review.** Vol. 5, Nº 1. Pp. 70-74.

[401] **El experimento de Harvard que convirtió a un matemático en asesino en serie.** Disponível em: < http://es.gizmodo.com/el-experimento-de-harvard-que-convirtio-a-un-matematico-1775514522>. Acesso em: 16 de novembro de 2017.

### 3.4.1.5. Operações em Outros Países e Novas Tecnologias

Em 16 de agosto de 1953[402], a CIA atuaria em conjunto com a espionagem britânica para derrubar o Primeiro Ministro Mossadegh, no Irã. O objetivo era garantir a produção de petróleo nas mãos de empresas britânicas no país.[403] Em 1956, os voos do U-2 são iniciados, colocando em foco um novo tipo de inteligência aérea. Em fevereiro, a CIA conseguiu o discurso restrito de Krushev que denunciava os crimes do regime de Stalin, na União Soviética.[404]

Em 1960, a CIA recebe permissão para assassinar Patrice Lumumba, no Congo, mas a operação não acontece. Em março, Eisenhower, Presidente dos EUA, autoriza ações secretas de guerrilhas em Cuba. Alguns meses depois, em julho, a CIA cria primeiro plano para matar Fidel Castro, em Cuba. Na segunda metade desse ano, a CIA e a Força Aérea desenvolvem escritório conjunto para análise de

---

[402] TURNER, Michael A.; WORONOFF, Jon (Editor). Ibidem.
[403] STEPHEN, Kinzer. **Todos os homens do xá: o golpe norte-americano no Irã e as raízes do terror no Oriente Médio.** Tradução: Pedro Jorgensen Jr. Rio de Janeiro: Bertrand Brasil, 2004.
[404] TURNER, Michael A.; WORONOFF, Jon (Editor). Ibidem.

dados de reconhecimento aéreo o *"National Reconnaissance Office"*[405] (NRO), sendo que o primeiro satélite espião do país tinha sido lançado em agosto, com o nome "CORONA"[406], dois anos após a União Soviética lançar o satélite Sputnik.[407]

No ano de 1961, é criada a **Defense Intelligence Agency** – DIA (Agência de Inteligência da Defesa, em tradução livre), sob comando direto dos militares. Em maio, a CIA fornece as armas que levam ao assassinato do Chefe de Estado Rafael Trujillo, na República Dominicana. No mesmo ano, acontece a ação fracassada de tentativa de derrubada de Fidel Castro, conhecida como "Baía dos Porcos"[408]. No ano seguinte, a União Soviética colocaria misseis nucleares no país, o que levaria a crise resolvida por meio de acordo. O Presidente Kennedy seria assassinado no mesmo ano, semanas após pôr fim a operação secreta que visava assassinar Fidel Castro.[409] Documentos secretos comprovam que até houve plano de criar atentados terroristas falsos nas

---

[405] Ibidem. Localização 167,2.
[406] Ibidem. Localização 208,5.
[407] Ibidem.
[408] Tradução livre para: "(...) Bay of Pigs (...)". Ibidem. o. XXX.
[409] Ibidem.

áreas de Miami, Flórida como um todo e até em Washington a fim de colocar a culpa no regime cubano.[410]

Em 1962, o avião espião SR-71 (*Blackbird*) faz seu primeiro voo. Três anos mais tarde, os EUA colocam tropas na República Dominicana. Em 1967, é revelado que a CIA atuava financiando a *National Student Association*, influenciando o movimento estudantil em tempo de protestos anti-Guerra do Vietnã. Em 1970, no dia 15 de setembro, o Presidente Nixon dá as ordens que resultaram na morte de Salvador Allende, Presidente do Chile. Em 1974 é aprovado ato legislativo (*Hughes-Ryan Amendment*)

---

[410] Tradução livre para: "We could develop a Communist Cuban terror campaign in the Miami area, in other Florida cities and even in Washington. The terror campaign could be pointed at Cuban refugees seeking haven in the United States. We could sirik a boatload of Cubans enroute to Florida (real ar simulaled). We could ioster attempts on lives of Cuban refugees in the United States even to the extent of wounding in instances to be widely publicized. Exploding a few plastic bombs in carefully chosen spots, the arrest of a Cuban agent and the release of prepared documents substantiating Cuban involvement also would be hclpful in projecting the idea of an irresponsible government." **Docid-32112987.pdf**. Disponível em: <https://www.archives.gov/files/research/jfk/releases/docid-32112987.pdf>. Acessado em: 16 de novembro de 2017.

que impede assassinatos da CIA e abertas investigações sobre malfeitos da Agência.[411]

### 3.4.1.6. Investigações pelo Congresso de Atividades Ilegais da CIA

Oficialmente, o Congresso dos Estados Unidos da América lançou, em 1975, esforço de investigação sobre ações secretas da CIA contra o próprio povo, assim como as de que estaria espionando internamente contra estudantes pacifistas contrários à Guerra do Vietnã ou assassinando líderes políticos. A pressão da mídia e do Congresso levou o Presidente a abrir os arquivos secretos, que foram avaliados por dois comitês investigativos do Legislativo: um do Senado e outro da "Câmara"[412] [Tradução livre]. O Chamado Comitê Church, liderado pelo Senador Frank Church (dos Democratas de Idaho), realizou audiências públicas e teve acesso a documentos ainda secretos com dados sobre diversas operações da CIA ou até mesmo do FBI e dos militares. O documento final, divulgado em 1976, mostrou que o povo norte-americano era espionado e submetido a abusos. Fez,

---

[411] TURNER, Michael A.; WORONOFF, Jon (Editor). Ibidem.
[412] Tradução livre para: "House (...)". WARNER, Michael. Ibidem. p. 212.

também, referência direta ao Projeto MK-Ultra. O resultado prático viria na forma da centralização maior da CIA em relação às operações das diferentes agências que atuavam em operações de inteligência no país, com o fechamento da unidade de inteligência do FBI.[413]

## 3.4.2. Cronologia dos Serviços de Inteligência Russos e Soviéticos

Como o outro lado (soviético) tem importância crucial na história da criação a Visão Remota, segue-se cronologia dos momentos mais importantes para os serviços de Inteligência da União Soviética e Rússia até o ano de 1995.

**Tabela 3 – Cronologia dos Serviços de Inteligência Russos e Soviéticos**

| | |
|---|---|
| 1564 | *Criada, por Ivan IV "O Terrível"[414] [Tradução livre], a Oprichnina, que tinha uma polícia secreta com objetivo de perseguir inimigos políticos;* |
| 1699 | *Pedro "O Grande"[415] [Tradução livre] cria a Preobrazhenskiy Prikaz que visava perseguir subversivos;* |

---

413 Ibidem.
414 Tradução livre para: "'the terrible'". PRINGLE, Robert W.; WORONOFF, Jon (Editor). **Historical dictionary of russian & soviet intelligence.** Maryland: Scarecrow Press, 2006. p. XIII.
415 Tradução livre para: "'the Great'". Ibidem. p. XIII.

| | |
|---|---|
| *1803* | *Aleksandr I cria organização para perseguir dissidentes conhecida como "Comitê Geral de Segurança"[416] [Tradução livre].* |
| *1810* | *Criada divisão de Inteligência junto à Corte Imperial;* |
| *1826* | *Nicholas I cria a "Terceira Sessão da Chancelaria Imperial"[417] [Tradução livre] para combater atos subversivos;* |
| *1881* | *Após o assassinato do Tsar Aleksandr II, é criada a Okhrana (sob controle do "Ministério do Interior"[418] [Tradução livre]) para a proteção do Tsar e combater subversivos;* |
| *1917* | *Em março, a Revolução leva à abdicação de Nicholas II, finalizando a dinastia Romanov; em novembro, os Bolsheviks chegam ao poder; em dezembro é criada, por Vladimir Lênin, a Cheka;* |
| *1918* | *Ação de eliminação de contrarrevolucionários, dentro do contexto de guerra-civil, será chamada de "Terror Vermelho"[419] [Tradução livre];* |
| *1920* | *Estabelecida, dentro da Cheka, Seção de ações de inteligência em outros países;* |
| *1921* | *Lênin busca maior controle sobre a Cheka após o Terror Vermelho;* |
| *1923* | *Cheka tem como novo nome: "Diretório Político Unificado[420] [Tradução livre] do Estado" (OGPU);* |

---

[416] Tradução livre para: "(...) Commitee of General Security (...)". Ibidem. p. XIII.

[417] Tradução livre para: "(...) Third Section of the Imperail Chancery (...)". Ibidem. p. XIII.

[418] Tradução livre para: "Ministry of Internal Affairs". Ibidem. p. XIV.

[419] Tradução livre para: "(...) Red Terror". Ibidem. p. XIV.

[420] Tradução livre para: "(...) Unified (...)". Ibidem. p. XV.

| 1934 | *O NKVD ("Comissariado do Povo para Assuntos Internos"[421] [Tradução livre]) incorpora a OGPU; Início de perseguição, e morte, de "inimigos do povo"[422] pela NKVD;* |
| --- | --- |
| 1936 | *Primeiro dos "Julgamentos de Moscou"[423] [Tradução livre]; Nikolai Yezhov passa a ser o novo chefe da NKVD, ex-chefe é posteriormente preso;* |
| 1936-1939 | *Mais de 10 mil mortos na Espanha, durante período de guerra-civil, são atribuídos à ação da NKVD;* |
| 1937 | *Expurgo no exército russo é iniciada com morte do Marechal Mikhail Tukhachevskiy; entre junho e julho ocorre ampla perseguição na sociedade e no próprio Partido Comunista;* [424] |
| 1940 | *Trotsky é assassinado por agente da NKVD (no México[425]);*[426] |
| 1941 | *Divisão da NKVD e criação da NKGB ("Comissariado do Povo para Segurança do Estado"[427] [Tradução livre]); União Soviética é invadida pela Alemanha em 22 de junho; em dezembro, ação dos serviços de Inteligência são essenciais para reposta militar em Moscou;* [428] |
| 1943 | *Vitória em Stalingrado, criada organização de Contrainteligência chamada Smersh; Vitória em Kursk, atribuída a sucessos de inteligência;* |

[421] Tradução livre para: "People's Comissariat of Internal Affairs". Ibidem. p. XV.
[422] Tradução livre para: "'enemies of the people". Ibidem. p. V.
[423] Tradução livre para: "(...) Moscow Trial (...)" Ibidem. p. V.
[424] Ibidem.
[425] PATENAUDE, Bertrand M. **Trotsky: downfall of a revolutionary.** Nova York: Harper Perennial, 2009.
[426] Ibidem.
[427] Tradução livre para: "People's Comissariat of State Security". PRINGLE, Robert W.; WORONOFF, Jon (Editor). Ibidem. p. XVI.
[428] Ibidem.

| | |
|---|---|
| 1948-1950 | *Perseguição e morte a líderes políticos de Leningrado;* |
| 1953 | *Stalin morre; Beria (um dos mais impiedosos carrascos do antigo líder)[429] fala sobre crimes de Stalin e libera mais de um milhão de presos, logo depois será preso e condenado à morte. [430]* |
| 1954 | *Criada a KGB ("Comitê de Segurança do Estado"[431] [Tradução livre]) subordinada ao "Conselho de Ministros"[432] [Tradução livre]; [433]* |
| 1962 | *Repressão de revolta em Novocherkassk;* |
| 1964 | *KGB ajuda em movimento que levou à substituição de Krushev por Leonid Brezhnev;* |
| 1967 | *Novo chefe da KGB é Yuri Andropov; Início da espionagem de John Walker em benefício da União Soviética (até 1985); KGB cria grupo para espionagem política;* |
| 1979 | *Invasão do Afeganistão; KGB invade palácio presidencial e mata o presidente afegão e sua família; [434]* |
| 1980 | *Na década de 1980, o general Mikhail Moiseyev dá a Alexei Savin a responsabilidade de criar grupo de médiuns militares para obtenção de informações por meios paranormais. A unidade é criada sob o nome "Unidade Militar 10003"[435], contando com dez* |

---

[429] MONTEFIORE, Simon Sebag. **Stalin: the court of the red tsar.** Londres: Phoenix, 2004.

[430] Ibidem.

[431] Tradução livre para: "Comitee of State Security". PRINGLE, Robert W.; WORONOFF, Jon (Editor). Ibidem. p. XVII.

[432] Tradução livre para: "Council of Ministers". Ibidem. p. XVII.

[433] Ibidem.

[434] Ibidem.

[435] Tradução livre para: "(...) Military Unit 10003 (...)". MAY, Edwin C.; RUBEL, Victor.; MCMONEAGLE, Joseph W.; AUBARCH, Loyd. Ibidem. Localização. 114.

| | |
|---|---|
| | *pessoas. O esquadrão utilizava um tipo de Visão Remota diferenciado, criado sem qualquer dependência do estadunidense, e baseado em agentes alegadamente portadores de capacidade psíquica diferenciada (médiuns), em ação que mais facilmente pode ser considerada como clarividência (nesse sentido divergindo do modelo norte-americano, à frente demonstrado, que baseava-se na crença de que todos os seres humanos poderiam realizar tais feitos).[436]* |
| 1985 | *Aldrich Ames, espião da CIA passa a trabalhar para a KGB e entrega nome de espiões dos Estados Unidos da América, que são presos; Vitaliy Yurchenko, espião da KGB, passa a colaborar com a CIA (para desistir poucos meses depois); Robert Hanssen, agente do FBI, passa a colaborar com a KGB em caso que será investigado pela CIA, indiretamente, por "espiões psíquicos"[437]; [438]* |
| 1986 | *Mais de 50 oficiais de inteligência são expulsos dos EUA;* |
| 1991 | *Chefes da KGB, Vladimir Kryuchkov, e MVD, Boris Pugo, começam a planejar golpe contra Gorbachev. Tentativa fracassa, Pugo suicida-se e Kryuchkov é preso; KGB é fechada em setembro; em dezembro é criada a SVR ("Serviço de Inteligência Estrangeira"[439] [Tradução livre]), sob comando de Yevgeny Primakov; no dia 25 de dezembro, a União Soviética deixa de existir;* |

---

[436] Ibidem.

[437] SMITH, Paul H. **Reading the enemy's mind: inside Star Gate – america's psychic espionage program.** Nova York: Forge Books, 2005. [Versão Kindle] Localização 75.

[438] PRINGLE, Robert W.; WORONOFF, Jon (Editor). Ibidem.

[439] Tradução livre para: "Service of Foreign Intelligence". Ibidem. p. XX.

| 1995 | *Criação da FSB ("Serviço de Segurança Federal"[440] [Tradução livre]).[441]* |
| --- | --- |
| 1997 | *General russo Anatolii Kvashnin transforma a unidade de visualizadores russos (conhecida como Unidade 10003) em diretório, composto por cinquenta pessoas.[442]* |

---

[440] Tradução livre para: "Federal Secutiry Service". Ibidem. p. XXI.
[441] Ibidem.
[442] MAY, Edwin C.; RUBEL, Victor.; MCMONEAGLE, Joseph W.; AUBARCH, Loyd. Ibidem.

## 4. VISÃO REMOTA

No ano de 1985, sob a nota de diário do dia 14 de novembro, em meio ao Projeto *"Trojan Warrior"*[443] (traduzido livremente como Guerreiro Trojano), o professor de Aikido Richard Strozzi-Heckler citou conversa com o estudante Rader (soldado "Boina Verde"[444], das forças especiais do Exército dos EUA):

> "Na parte final da noite, Rader falou algo que marcou de forma estranha. O Treinamento em Ondas Cerebrais invocou nele a visão de um quadro das Forças Especiais com soldados obtendo informações de inteligência por meio de visão remota e interceptando mensagens simplesmente com o poder de suas mentes. Ele sugeriu um cenário onde um grupo de elite entraria em um quarto negro e coletivamente concentraria até conseguirem projetar suas mentes para qualquer lugar do mundo. Ele, rindo, adicionou que isso seria muito melhor do que pular de um avião com uma mochila cheia, andar pelo mato e permanecer em um local escondido por dias e noites sem fim enquanto monitoram os movimentos de

---

[443] STROZZI-HECKLER, Richard. **In search of the warrior spirit: teaching awareness disciplines to the military.** 4ª Ed. Califórnia: Bluesnake books, 2007. [Versão Kindle] Localização, 61.

[444] Tradução livre para: "(...) Green Berets (...)". Ibidem. Localização, 166.

<blockquote>
tropas, vulneráveis a captura se descobertos."[445] [Tradução livre]
</blockquote>

O que, aparentemente, aquele soldado não sabia, é que aquilo já estava sendo feito, de diferentes formas, com base em estudos financiados pela CIA desde a década de 70 do século XX, como será a partir de agora demonstrado.

## 4.1. CONTEXTO GERAL

Os estudos sobre o tema da Visão Remota antecedem as descobertas presentes no livro *PSI: Psychic Discoveries Behind the Iron Curtain*[446], de Sheila Ostrander e Lynn Schroeder, publicado no início da década de 70 e que, pela primeira vez, trouxe a público, no contexto da Guerra Fria, a possibilidade de

---

[445] Tradução livre para: "Toward the end of the evening Rader tells me something that sticks in an odd way. The Brain Wave Training has invoked in him a vision of a cadre of Special Forces soldiers gathering intelligence through remote viewing and intercepting messages simply through the power of their minds. He suggests a scenario where a group of elite soldiers would go into a darkened room and collectively concentrate until they could project their consciousness any place in the world. He laughingly adds that it would beat the hell out of jumping from a plane with a full pack and then rucking cross-country to sit in a hide site for days and nights on end while monitoring troop movements, vulnerable to capture if discovered.". Ibidem. Localização, 4314.

[446] OSTRANDER, Sheila; SCHROEDER, Lynn. **PSI: psychic discoveries behind the iron curtain.** Londres: Sphere Books, 1970.

guerras psíquicas. De acordo com tal fonte: "(...) as autoridades do Estado Comunista, os militares e a Polícia Secreta mostravam um interesse incomum e desproporcional na Parapsicologia (...)"[447] [Tradução livre] com aplicação de poderes psíquicos em questões militares e policiais. O grande choque intelectual foi o uso de conceitos místicos, assim como o caro investimento no tema, em uma sociedade formalmente dominada pelo marxismo, que tem como base o materialismo. [448]

O livro caracteriza as pesquisas soviéticas como altamente desenvolvidas em relação àquelas estadunidenses, sendo estas as principais diferenças:

1. Foco soviético no uso prático de capacidades psíquicas, com aplicação tecnológica. Nos Estados Unidos, o foco era matemático e comprobatório;

---

[447] Tradução livre para: "(...) Communist State authorities, the military and the Secret Police display an unnusual, disproporcionate interest in parapsychology (...)". Ibidem. p. 259.
[448] SWANN, Ingo. **Remote Viewing the Real Story: An Autobiographical Memoir.** Disponível em: < https://archive.org/stream/IngoSwannmemoir/RemoteViewingThe RealStorymemoirByIngoSwann_djvu.txt>. Acesso em: 27 de novembro de 2017.

2. Visão dos estudos psíquicos como um novo ramo científico, amplamente pesquisados na academia, com ligações com a biologia, fisiologia e ciência biônica. Os soviéticos referiam-se às pesquisas parapsicológicas aplicadas usando termos como "bioinformação", "biotelecomunicação" e "biocibernética". Enquanto isso, nos EUA a Parapsicologia estaria totalmente ligada à psicologia e seria muito pouco aceita como algo científico, com presença quase nula em universidades;

3. As pesquisas soviéticas usavam equipes de cientistas multidisciplinares, enquanto as norte-americanas eram realizadas por cientistas atuando sozinhos ou em pequenas equipes de especialistas de uma mesma área;

4. Os soviéticos tinham informações amplas sobre as pesquisas ocidentais, enquanto o inverso não ocorria;

5. Os estudos soviéticos, apesar de multidisciplinares, teriam foco mais especializado em fisiologia, com menor influência de disciplinas de humanidades e psiquiatria;

6. Publicações descentralizadas, em periódicos especializados de cada campo de exploração (como cibernética, biologia, etc.). Nos EUA, as publicações eram concentradas em revistas de Parapsicologia e com raro acesso a revistas de outras ciências;

7. Os parapsicólogos soviéticos eram mais entusiasmados com novas possibilidades do que os norte-americanos, também falavam abertamente sobre suas próprias habilidades psíquicas. Nos EUA, os pesquisadores eram mais reprimidos e receosos;

8. Nos EUA, as pesquisas eram levadas a cabo por indivíduos isolados ou instituições com objetivos de descobrir o sentido da vida ou obter revelações

religiosas. Por outro lado, os estudos soviéticos eram vistos como comuns e com fins mundanos, pragmáticos.[449]

Autores como Ingo Swann, em sua autobiografia incompleta (disponibilizada por meio da internet no arquivo chamado *Remote Viewing the Real Story: An Autobiographical Memoir* [450], que tem legitimidade confirmada por meio do relato de Paul H. Smith, afirmando ser um "livro online"[451] [Tradução livre]) afirmam que os projetos governamentais nesse sentido foram motivados por informes de Inteligência anteriores à data da publicação do livro de Ostrander e Schroeder.[452]

De acordo com Steven Emerson[453], o Departamento do Defesa dos EUA teria iniciado as pesquisas com "médiuns"[454] [Tradução livre] na década de 1950. De acordo com ele, o ímpeto mais intenso teria surgido na década de 1970, no mesmo

---

[449] OSTRANDER, Sheila; SCHROEDER, Lynn. Ibidem.
[450] SWANN, Ingo. Ibidem.
[451] Tradução livre para: "(...) on-line book (...)". SMITH, Paul H. Ibidem. Localização, 3384.
[452] Ibidem.
[453] EMERSON, Staven. **Secret warriors: inside the covert military operations of the Reagan era.** Nova York: G. P. Putnam's Sons, 1988.
[454] Tradução livre para: "(...) psychics (...)". Ibidem. p. 10.

período da publicação do livro de Ostrander. Ele afirma que esse novo esforço teria tido seu ponto crucial em 1975, com programa de pesquisa em Parapsicologia.[455] Contudo, o relato detalhado mais antigo sobre o tema permanece sendo o de Ingo Swann, que será apresentado a seguir.

## 4.2. INÍCIO DA VISÃO REMOTA

Este trecho inicia a observação sobre o principal responsável pelo desenvolvimento das tecnologias de Visão Remota nos EUA: Ingo Swann. A despeito de não ser um pesquisador formalmente ligado à academia (atuando principalmente como cobaia em outros estudos), seu papel foi decisivo para a criação dos protocolos (mesmo científicos) que seriam seguidos por institutos de pesquisa, pela CIA e pelos espiões militares estadunidenses.

### 4.2.1. Ingo Swann: Contextualização

Ingo Swann nasceu em 14 de setembro de 1933, no Colorado (EUA). Em 1955 formou-se em Biologia e Artes, atuando como funcionário da Organização das Nações Unidas (ONU) de 1958 até

---

[455] Ibidem.

1968. Abandonou as funções na ONU para dedicar-se exclusivamente às artes plásticas, em direção ao sonho de tornar-se um pintor profissional e escritor. Nesse jornada, tornou-se auxiliar da artista Buell Mullen e passou a frequentar os altos círculos da sociedade novaiorquina. Lá, tornou-se amigo da atriz Zelda Suplee, socialite que permitira diversas conexões importantes.[456]

Nesses círculos sociais, encontrou apoio para seu interesse intelectual a respeito de temas ligados à Parapsicologia. Zelda possuía diversos amigos parapsicólogos e isso levou os poderes mentais naturais de Ingo Swann (alegadamente desde a infância) a serem valorizados em tais grupos, principalmente depois dele conseguir registrar em fotos bolas de luz mentalmente geradas (em ambiente experimental informal, mas específico para isso). Tal experimento havia sido instigado pelos irmãos McCanns, que estudavam o efeito de energias psíquicas sobre filmes fotográficos infravermelhos. Ingo, então, progressivamente passou a ser conhecido

---

[456] SWANN, Ingo. Ibidem.

pela mídia como um médium, mas sempre recusou tal classificação.[457]

Após festa organizada por Zelda, conhece o cientista Cleve Backster, que nunca se considerou um parapsicólogo (era também ex-agente da CIA, de acordo com reportagem de 2014 sobre seus experimentos com plantas na revista *Conscious Lifestyle Magazine*)[458]. Esse encontro leva a uma visita informal de Ingo ao laboratório de pesquisas de Backster, onde ele foi convidado a realizar experimento envolvendo plantas da espécie *Dracaena Massengeana*. No teste, sensores elétricos captaram reação da planta ao pensamento do experimentador, de que iria queimar uma de suas folhas. Cada pensamento era seguido de reação elétrica da planta, até um determinado ponto onde ela habituava-se ao pensamento do experimentador e deixava de responder. Ingo, após obter sucesso na experimentação, foi instigado a realizar outros testes com metais e produtos químicos. Assim, seguiram-se

---

[457] Ibidem.
[458] FAERMAN, Justin. **The Man Who Talked To Plants: The Visionary Research of Cleve Backster.** Disponível em: < https://www.consciouslifestylemag.com/cleve-backster-research-plants/>. Acesso em: 29 de novembro de 2017.

muitas semanas de experimentos e ele entrou oficialmente no mundo da Parapsicologia, com o papel de auxiliar/cobaia, nesses estudos que iriam até 1971. Dentre os testes com minerais, houve bem-sucedidas tentativas de modificar o potencial elétrico de pedaços de grafite por meio de esforço mental (psicocinese). Com o tempo, ele e Backster passaram a imaginar que a influência mental atuava como um feixe de energia direcionado. [459]

Ingo passou, então, a observar mais detalhadamente as percepções que tinha das estruturas químicas que influenciava em laboratório, refletindo sobre como seu pensamento atuava sobre a estrutura dos objetos. O que ambos (ele e Backster) descobriram era que os fenômenos psíquicos poderiam ser treinados e repetidos à vontade do experimentador.[460] O estudo foi publicado no documento chamado *Plant consciousness and psychokinetic effets of small samples of graphite*[461] [traduzido livremente como: "Consciência das plantas e efeitos psicocinéticos em pequenos exemplares de

---

[459] SWANN, Ingo. Ibidem.
[460] Ibidem.
[461] MAYER, Robert A. **The intrigue of the possible.** Bloomington: Authorhouse, 2007. p. 74.

grafite"]. Além desses estudos, também participou de experimentos envolvendo gases excitáveis, que tinham as alterações (causadas por "raios mentais"[462] ao invés de raios-x ou gama) medidas eletronicamente; e em testes de influência sobre substâncias como o sangue (onde obteve grande sucesso testando suas próprias amostras).[463]

Apesar do sucesso anterior, a aproximação decisiva de Ingo Swann com a comunidade parapsicológica em seu viés mais técnico (e não apenas social) foi por meio da intermediação da psicóloga Gertrude Schmeidler, que seria Presidente da Associação Parapsicológica dos EUA (1959 e 1971). No laboratório dela, em paralelo aos experimentos com Backster, no City College de Nova York em 1971, Ingo passou a ser testado enquanto tentava influenciar termístores ("semicondutores sensíveis à temperatura"[464], onde a resistência diminui de acordo com o aumento da temperatura) protegidos por invólucros térmicos, em outra sala. O estudo bem

---

[462] Tradução livre para: "mind-rays". SWANN, Ingo. Opus Citatum.
[463] Ibidem.
[464] **Termístor.** In: WIKIPÉDIA, a enciclopédia livre. Flórida: Wikimedia Foundation, 2016. Disponível em: <https://pt.wikipedia.org/w/index.php?title=Term%C3%ADstor&ol did=46422002>. Acesso em: 8 de janeiro de 2017.

sucedido foi publicado, de acordo com referência em documento da CIA, em conferências nos anos de 1973, 1974 e 1975.[465] Tal pesquisa, que teve circulação informal ainda em 1971, alçou Ingo diante dos olhos da mídia ("TIME, NEWSWEEK, LIFE"[466]), que passou a assediá-lo como psíquico que poderia, consequentemente, influenciar os mecanismos de disparo de uma bomba atômica. Foi nesse mesmo período em que ouviu de Backster que os soviéticos estavam realizando experimentos psíquicos.[467]

### 4.2.2. Experimentos Fora do Corpo

Paralelamente, contribuiu com estudos da A.S.P.R. após convite inicial de John Wingate. Ele classificaria, depois, a sociedade como um "portal para a espionagem internacional"[468]. Lá, assumiu a posição de voluntário nos experimentos de "*OBE*"[469], ou "fora do corpo"[470] [Tradução livre] do Dr. Karlis Osis.[471]

---

[465] **Countermeasures: A Survey And Evaluation (U).** Disponível em: < https://www.cia.gov/library/readingroom/docs/CIA-RDP96-00787R000300050001-5.pdf >. Acesso em: 8 de janeiro de 2018.
[466] SWANN, Ingo. Ibidem.
[467] Ibidem.
[468] Tradução livre para: "portal to international espionage". Ibidem.
[469] SMITH, Paul H. Ibidem. Localização 322,4.
[470] Tradução livre para: "out of body". SWANN, Ingo. Opus Citatum.
[471] Ibidem.

O experimento do qual participou acontecia em uma sala com uma bandeja suspensa próxima do teto, lá eram colocados objetos que deveriam ser observados pelo psíquico sem que os tivesse visto anteriormente. Ele deveria sentar-se logo abaixo e ser monitorado por equipamento de Eletroencefalograma, que ficava no quarto ao lado. Os experimentos começaram com registros verbais do médium, que seriam avaliados por juízes independentes (em outro local e desconectados de qualquer aspecto da pesquisa) que deveriam relacionar as descrições com objetos conhecidos. A confirmação de que o médium estava em viagem fora do corpo seria feita pela orientação do alvo suspenso, que somente podia ser visto de determinada posição elevada da sala.[472]

Ao longo do tempo, Ingo Swann passaria a colaborar em outros experimentos parapsicológicos, tornar-se-ia um colaborador pago e faria sugestões que mudariam o protocolo do experimento "fora do corpo" (como testes com imagens projetadas que permitiram especulações sobre holografia e física quântica relacionada). A principal alteração foi que

---

[472] Ibidem.

permitiu utilizar sua maior habilidade em contexto científico: a artística. Assim, Ingo obteve permissão para desenhar os alvos de suas percepções ao invés de descrevê-los verbalmente, o que aumentou a margem de sucesso. O resultado final, que foi atrasado em alguns anos depois da conclusão dos estudos devido a conflitos políticos internos da organização, seria publicado apenas em 1977 sob o título *Physiological correlates of reported out-of-body experiences*[473] (Correlações fisiológicas de relatos de experiências Fora do Corpo, em tradução livre).

### 4.2.3. O Nascimento da Visão Remota

Em meio à bateria de testes, Ingo Swann relatou cansaço excessivo e tédio com a repetição constante dos mesmos experimentos. Então, ele teria combinado com Janeet Mitchell, coautora do artigo *Physiological correlates of reported out-of-body experiences*, que um novo procedimento mais motivador seria testado: envelopes pardos, contendo nomes de cidades e telefones dos respectivos serviços de clima/tempo local, seriam escolhidos aleatoriamente por um terceiro

---

[473] OSIS, Karlis; MITCHELL, Janet Lee. Physiological correlates of reported out-of-body experiences. **Journal of the society for psychical research**, Nova York, Vol 49(772), pp. 525-536.

e ele deveria descobrir, mentalmente, qual era clima/tempo naquele local. Em seguida, um telefonema para o serviço meteorológico local confirmaria ou não a percepção extra-sensorial.[474]

Esses experimentos de longa distância seriam chamados por Ingo Swann, depois de discussão com seus colegas, de "*Remote Viewing*"[475] (**Visão Remota**, em tradução livre). Assim, nascia o método que seria posteriormente desenvolvido para uso em espionagem.

De mesma forma surgiu a ideia (que de acordo com ele não tem autor definido) de realizar uma nova alteração nos procedimentos, que Ingo classificou como modelo *Beacon*[476], ou seja: ao invés de serem colocados objetos ou imagens projetadas na parte de cima da sala, os experimentadores iriam até algum local aleatório fora do laboratório e o voluntário, ainda no local padrão de testes, tomaria notas verbais, escritas e faria desenhos sobre as informações referentes ao local onde os experimentadores se encontravam. Tudo aconteceria de forma simultânea e

---

[474] SWANN, Ingo. **Remote Viewing the Real Story: An Autobiographical Memoir.** Ibidem.
[475] SMITH, Paul H. Ibidem. Localização 88.
[476] Ibidem.

as notas do voluntário seriam avaliadas após o regresso dos experimentadores. A pessoa fora do laboratório (chamada de *"outbound"*[477]) seria localizada em horários predeterminados e com possibilidade de locomover-se a cada período de cinco minutos, gerando uma sucessão de alvos a serem percebidos psiquicamente.[478]

A primeira experiência do tipo ocorreu em 22 de fevereiro de 1972, com a cientista Vera Feldman agindo como *outbound*. Esse experimento foi cientificamente registrado por Janet Mitchell.[479]

## 4.2.3.1. Conflito de Datas e Autoria

Este trecho, que é mais do que uma mera nota devido à complexidade da informação, trata exatamente sobre a controvérsia a respeito do momento em que nasceu a Visão Remota.

Alguns dos relatos de Ingo Swann conflitam com outras fontes em relação à sequência dos eventos, em especial em relação à criação dos experimentos de tipo *Beacon/Outbound* (as barras separam duas

---

[477] Ibidem.
[478] Ibidem.
[479] Ibidem.

denominações possíveis) e à adoção do método de coordenadas para a Visão Remota (Visão Remota Coordenada ou *Coordinate Remote Viewing*, em inglês), que será explanado futuramente.

No livro *Penetration: The Question of Extraterrestrial And Human Telepathy*[480] (1998), e no texto até agora utilizado como fonte, Ingo Swann afirma que a ideia de experimentos do tipo *Beacon/Outbound* surgiu antes de seu contato com os cientistas da *Stanford Research Institute*, ainda no contexto da *American Society for Psychical Research*. Contudo, outro livro, escrito pelo jornalista Jim Schnabel[481] em 1997, um ano antes da publicação do livro de Ingo Swann, coloca tais experimentos como tendo surgido no âmbito da *Stanford Research Institute* (SRI). Além disso, há um conflito de autoria: Schnabel afirma que a autoria dos experimentos de tipo *Beacon/Outbound* foi de Harold Puthoff (da SRI), mas, em nota, diz que o

---

[480] SWANN, Ingo. **Penetration: the question of extraterrestrial and human telepathy.** EUA: Crossroad Press, 2017. [Versão Kindle]

[481] SCHNABEL, Jim. **Remote viewers: the secret history of america's psychic spies.** Nova York: Dell Publishing, 2011. [Versão Kindle]

próprio Puthoff atribuiu a autoria a Ingo Swann. Assim escreve Schnabel:

> "Puthoff, em comentários públicos recentes sobre a história do início da Visão Remota, sugeriu que os experimentos de tipo *outbound* vieram primeiro, antes dos experimentos de Visão Remota Coordenada. Como pude verificar após examinar meus registros e de conversas com ele e com Ingo Swann, as afirmações dele não são muito precisas. O primeiro registro de experimento do tipo Outbound é de outubro de 1973, seis meses depois de Swann iniciar os primeiros experimentos de Visão Remota Coordenada."[482]

O livro do espião militar Paul H. Smith[483], ex-aluno e amigo de Ingo Swann, também traz informações que confirmam a versão de Ingo Swann, incluindo os experimentos de visualização à distância do clima/tempo em cidades dos EUA.[484]

Em meio a essa imprecisão, resta saber qual sequência temporal adotar neste trabalho. Assim, foi

---

[482] Tradução livre para: "Puthoff, in recent public comments on the early history of remote viewing, has suggested that outbound experiments came first, before coordinate remote-viewing experiments. As I've established from an examination of the record and from conversations with him and with Ingo Swann, this isn't quite accurate. The first record of an outbound experiment is from October 1973, six months after Swann's first coordinate experiments." Ibidem. Localização 2366.
[483] SMITH, Paul H. Ibidem.
[484] Ibidem.

escolhida a data mais antiga na narrativa (de Ingo Swann, confirmada pelo livro de Paul H. Smith), assim como a autoria alegada naquele momento.

## 4.2.4. As Pesquisas para a CIA por Meio da Stanford Research Institute

Ingo Swann e a CIA encontrar-se-iam por meio da SRI, que prestava serviços de pesquisa para o governo dos EUA. Anteriormente ligada à Universidade de Stanford, teve que romper os laços formais com a universidade após a erupção social ocorrida a partir dos protestos contra a guerra do Vietnã, que especialmente atingiram o campus de Stanford e levaram a grande crítica da associação da universidade com os militares. A SRI era considerada a segunda maior *think tank* dos EUA, atrás apenas da *Rand Corporation*. Os trabalhos na SRI e os responsáveis pelo desenvolvimento junto com Ingo Swann serão apresentados a seguir.[485] [486]

---

[485] SWANN, Ingo. **Remote Viewing the Real Story: An Autobiographical Memoir.** Ibidem.
[486] SMITH, Paul H. Ibidem.

### 4.2.4.1. O Teste do Magnetômetro

Antes de envolver-se com Visão Remota, Harold E. Puthoff já tinha em seu currículo a experiência de ex-militar da Marinha dos EUA, servindo junto à NSA ("*National Security Agency*"[487] – Agência de Segurança Nacional, em Tradução livre) e detendo acesso a informações classificadas; atuação como professor de Stanford com título de doutor em engenharia elétrica, sendo coautor de livro didático sobre eletrônica quântica; e detentor de patente de laser infravermelho. Havia, também, recebido medalha do Pentágono por suas pesquisas no desenvolvimento de comunicação via pulsos de luz ao invés de elétrons.[488]

Cansado da vida acadêmica, Puthoff passou a trabalhar na SRI, onde poderia dedicar-se exclusivamente a pesquisas envolvendo lasers e táquions (hipotéticas partículas subatômicas que excedem a velocidade da luz)[489]. Seu interesse girava em torno da física, mas também da Parapsicologia.

---

[487] SCHNABEL, Jim. Ibidem. Localização 6.
[488] Ibidem.
[489] **Táquion**. In: WIKIPÉDIA, a enciclopédia livre. Flórida: Wikimedia Foundation, 2018. Disponível em: <https://pt.wikipedia.org/w/index.php?title=T%C3%A1quion&oldid=50389965>. Acesso em: 10 de janeiro de 2018.

Essa vertente parapsicológica dava-se, possivelmente, devido a seu envolvimento com a Cientologia desde meados da década de 1960, mas que abandonaria alguns anos depois, ainda na década de 1970. Nesse contexto, Puthoff tomou conhecimento dos experimentos de Cleve Backster, enviando-lhe carta. Essa mesma carta seria mostrada a Ingo Swann, que entraria em contato com Puthoff.[490] [491]

Em 30 de março de 1972, Ingo Swann decide aceitar o convite de Puthoff e viaja em 4 de junho até São Francisco, para participar de experimentos na SRI. Ele passaria por um teste decisivo nas mãos de Puthoff. Ingo foi conduzido a um espaço amplo e vazio, semelhante a uma garagem, com um medidor eletrônico registrando variações em uma folha de papel. Foi informado que, logo abaixo, enterrado sob o concreto em algum local desconhecido da sala, havia um magnetômetro detector de quarks (partículas subatômicas)[492]. Tal dispositivo somente reagia aos quarks, algo que acontece de forma muito rara, ou seja:

---

[490] SCHNABEL, Jim. Opus Citatum.
[491] SMITH, Paul H. Opus Citatum.
[492] **Quark**. In: WIKIPÉDIA, a enciclopédia livre. Flórida: Wikimedia Foundation, 2018. Disponível em: <https://pt.wikipedia.org/w/index.php?title=Quark&oldid=5219353 5>. Acesso em 27 de maio de 2018.

o registro gerado pela máquina predominantemente estável. A tarefa de Ingo Swann seria perturbar o funcionamento do dispositivo com a mente, gerando um registro anormal. O experimento estava sendo gravado de acordo com os parâmetros científicos e observado por um grupo de cientistas. Ingo Swann, após um período de incapacidade de gerar qualquer resultado, pediu para desenhar o dispositivo a partir de descrição de Puthoff e, no mesmo momento, causou uma perturbação nos registros. Essas perturbações passaram a ser mais constantes a partir de então: toda vez que Ingo concentrava-se e visualizava mentalmente ou desenhava o dispositivo, havia uma perturbação nos registros.[493]

Tal experimento é uma das provas científicas da influência psíquica sobre equipamentos eletrônicos de alta precisão e foi publicado na revista de engenharia elétrica IEEE (*Institute of Electrical and Eletronics Engineers*)[494], no artigo *A Perceptual Channel for Information Transfer Over Kilometer Distances:*

---

[493] Ibidem.

[494] **A Perceptual Channel For Information Transfer Over Kilometer Distances: Historical Perspective And Recent Research.** Disponível em: < http://ieeexplore.ieee.org/document/1454382/>. Acesso em: 10 de janeiro de 2018.

*Historical Perspective and Recent Research*. Esse documento é um dos mais importantes da história da Visão Remota.[495]

### 4.2.4.2. O Interesse da CIA

Uma versão preliminar do estudo circulou informalmente mesmo antes da publicação pela IEEE. Nesse período, Puthoff já contava com o auxílio do físico de lasers Russel Targ, que se tornou coautor do artigo final publicado. Em 27 de junho de 1972 Puthoff enviou uma cópia para Christopher Kit Green, cientista da CIA que trabalhava como analista da "Divisão de Ciências da Vida"[496] [Tradução livre]. A repercussão do trabalho chamou a atenção da CIA, que enviou agentes para questionarem Puthoff e Targ sobre o tema. Kit Green viria a ser um dos maiores apoiadores do programa dentro da CIA.[497]

---

[495] **A Perceptual Channel For Information Transfer Over Kilometer Distances: Historical Perspective And Recent Research.** Disponível em: < https://www.cia.gov/library/readingroom/docs/CIA-RDP96-00787R000500020001-6.pdf>. Acesso em: 10 de janeiro de 2018.
[496] Tradução livre para: "(...) Life Sciences Division (...)"JACOBSEN, Annie. **Phenomena: the secret history of the U.S. government's investigation into extrasensory perception and psychokinesis.** Nova York: Little, Brown and Company, 2017. [Versão Kindle] p. 98.
[497] SMITH, Paul H. Ibidem.

Em 1960, um artigo sensacionalista seria publicado na revista francesa *Science et Vie,* escrito por Gerard Messadié, com a informação de que o governo dos Estados Unidos teria usado com sucesso uma técnica de telepatia para comunicar-se com submarinos (especificamente a matéria falava sobre o submarino Nautilus). O projeto teria sido levado à frente pelo presidente Eisenhower, junto com a Marinha, a Força Aérea e as empresas Westinghouse, General Eletric, Rand Corporation e Bell Laboratories. A comunicação tradicional com submarinos era problemática porque a água representa uma barreira significativa, obrigando as naves a emergirem e ficarem expostas durante os períodos de transmissão de informações. O desenvolvimento de novas tecnologias que transpusessem essa barreira era muito bem-vindo. [498]

Os soviéticos tiveram acesso a essa informação e, levando-a a sério a despeito da negativa de todos os envolvidos e de ser progressivamente considerada como peça de desinformação ou simples fraude, ressuscitaram as pesquisas em paranormalidade com

---

[498] SCHNABEL, Jim. Ibidem.

uso prático para fins militares e de Inteligência. O período Nikita Krushev teria diminuído a resistência ideológica a tudo o que não fosse estritamente materialista. O pesquisador Leonid Vasilev, assim como diversos outros, teria avançado em pesquisas sobre influência remota (sobre o comportamento ou fisiologia). Experimentos com o pesquisador Milan Ryzl e o médium Pavel Stepanek teriam resultado em sucesso na transmissão de informações de forma remota, mas a uma taxa de apenas uma palavra por dia. Já em 1968, o parapsicólogo Eduard Naumov afirmou em conferência que a marinha soviética tinha sido capaz de replicar o experimento do Nautilus em um de seus submarinos. A afirmação ia além: eles teriam desenvolvido método telepático de espionar a comunicação psíquica entre terceiros.[499]

Tais informações chegaram aos Estados Unidos por meio do livro (já citado) _Psychic Discoveries Behind the Iron Curtain_ (1970) e outros relatórios secretos de Inteligência.[500] Um desses relatórios cruciais foi o

---

[499] Ibidem.
[500] Ibidem.

denominado *Controlled Offensive Behavior —
USSR*[501], de 31 de janeiro de 1972. O documento dizia:

> "Em resumo, qual o risco estratégico colocado pela atual "explosão" da pesquisa parapsicológica soviética? Os esforços soviéticos no campo da pesquisa em psi cedo ou tarde podem permitir que façam o seguinte: a) Conhecer o conteúdo de documentos ultra-secretos dos EUA, o movimento de tropas e navios e a localização e natureza de nossas instalações militares. b) Modificar à distância o pensamento de líderes civis e militares; c) Causar a morte instantânea à distância de qualquer oficial dos EUA; d) Desabilitar, à distância, equipamentos de todos os tipos dos EUA, incluindo aeronaves."[502] [Tradução livre]

A perspectiva dos soviéticos estarem à frente na área, mesmo que os EUA já estivessem pesquisando sobre o tema, em ritmo lento, desde 1950, levou o governo a encontrar em Puthoff, que tinha seu passado

---

[501] **Controlled Offensive Behaviour – USSR. Disponível em:** < https://www.cia.gov/library/readingroom/docs/CIA-RDP96-00787R000100120001-9.pdf>. Acesso em: 15 de janeiro de 2018.
[502] Tradução livre para: "In summary, what is the strategic threat posed by the current "explosion" in Soviet parapsychological research? Soviet efforts in the field of psi research, sooner or later, might enable them to do some of the following: a. K.now the contents of top secret US docurnents, the movements of our troops and ships and the location and nature of our military installations. ·b. Mold the thoughts of key US military and civilian leaders, at a distance. e. Cause the instant death of any US official, at a distance. d. Disable, at a distance, US military equipment of all types including space craft." Ibidem.

militar e acesso a informações secretas, o cientista ideal para levar à frente pesquisas secretas sobre poderes mentais. Assim, a CIA enviou, em outubro de 1972, dois agentes para verificarem se Ingo Swann tinha mesmo capacidades especiais e se a pesquisa então desenvolvida por Puthoff gerava dados confiáveis. O teste bem-sucedido foi feito com objetos escolhidos pelos espiões e escondidos em caixas, um das quais continha um inseto vivo, apropriadamente descrito por Swann. Esse esforço resultaria no investimento inicial da CIA em pesquisa exploratória em Parapsicologia, em 1 de outubro de 1972, no valor de $49,909 dólares para a SRI, por um período de oito meses a iniciarem-se em 1973.[503]

## 4.3. DOIS CENTROS: MILITARES E CIVIS

Após a primeira aprovação oficial da pesquisa pelo governo dos EUA, a história da Visão Remota tomará um caminho repleto de divisões, cancelamentos e retomadas até o seu último momento oficial, em 1995. A seguir, esse desenvolvimento será dividido entre os ramos militar e civil. As duas histórias se entrelaçam e são interdependentes, mas podem ser

---

[503] SCHNABEL, Jim. Ibidem.

tidas como duas histórias distintas, com pessoal diferente, estruturas burocráticas diferentes e metodologias distintas.

## 4.3.1. A Visão Remota pela SRI e Civis (1972 até 1995)

Em meio a essa período inicial da pesquisa, que Ingo Swann chamou de "*Scanate*"[504] (de *scan* por coordenadas), o ano de 1972 terminou com o pessoal da SRI estudando o famoso místico israelense (com comportamento de mágico/ilusionista) Uri Geller.[505] Geller trouxe toda a atenção da mídia (e dos inimigos da paranormalidade) para a SRI, já que era muito famoso e muito inclinado ao exibicionismo.[506]

### 4.3.1.1. Uri Geller

Geller, que participaria das pesquisas por dois anos, é um ex-soldado israelense (possivelmente um espião do *Mossad* – serviço de inteligência de Israel)[507] [508] que ganhou fama internacional por ser capaz de entortar colheres com o uso da mente, assim como

---

[504] Ibidem. Localização 1739.
[505] SMITH, Paul H. Ibidem.
[506] JACOBSEN, Annie. Ibidem.
[507] SCHNABEL, Jim. Ibidem.
[508] JACOBSEN, Annie. Opus Citatum.

realizar outros feitos (como parar relógios de pulso) e previsões. Uri foi levado aos Estados Unidos pelo neurologista Andrija Puharich, com apoio financeiro do astronauta Edgar Mitchell, que tinha interesse em estudar eventos parapsicológicos, tendo até realizado experimento de telepatia (sem autorização da NASA) enquanto esteve no espaço.[509] Uri foi aceito pela CIA como alvo de testes após realizar visualização remota em tempo real enquanto Puthoff conversava com Kit Green via telefone (Kit Green é referido como "Richard Kennet" no livro de Schnabel. [Nota do autor: naturalmente, um ou talvez ambos os nomes sejam falsos, o que se justifica pelo fato de ser espião e ter que manter sigilo sobre seu verdadeiro nome][510].

### 4.3.1.1.1. Debunkers

A fama de Geller levou o foco da mídia até a SRI, onde Puthoff teve que defender sua pesquisa de jornalistas céticos e "*debunkers*"[511] (termo inglês que designa caçadores de fraudes, éticos ou não). O primeiro ataque veio por parte do jornalista Leon Jaroff

---

[509] Ibidem.
[510] SCHNABEL, Jim. Ibidem.
[511] SMITH, Paul H. Ibidem. p. 4.

da revista *Time*, que tomou forma no artigo intitulado "*The Magician and the Think Tank*"[512].

O segundo veio por meio do mágico profissional James 'O Magnífico' Randi no livro "*Flim-Flam! Psychics, ESP, Unicorns, and Other Delusions*"[513] (1982), onde acusava de fraudulentos os experimentos da SRI, inclusive o primeiro com o magnetômetro. Paul H. Smith[514], acusa o último autor de agir com o objetivo de denegrir os experimentos da SRI. Como prova, coloca a afirmação do próprio Randi de que jamais visitou a SRI e fez suas análises com base em informações de terceiros (posteriormente contraditas por outros analistas que estiveram no local). Uma das alegações, por exemplo, dizia respeito a filmagens que teriam sido feitas sem a presença do operador da câmera jornalística, afirmação mais tarde negada pelo próprio operador.[515]

---

[512] **Science: The Magician And The Think Tank.** Disponível em: < http://content.time.com/time/magazine/article/0,9171,944639,00.html>. Acesso em 16 de janeiro de 2018.

[513] RANDI, James. **Flim-Flam! Psychics, ESP, unicorns, and other delusions.** Falls Church: 1982.

[514] SMITH, Paul H. Ibidem.

[515] Ibidem.

Um terceiro incidente teria importância crucial nos capítulos finais oficiais da história da Visão Remota: no mesmo período, a DARPA (*Defense Advanced Research Projects Agency*, a agência estadunidense que lida com projetos secretos e pesquisas avançadas)[516] enviou o gerente de projetos George Lawrence para avaliar Uri Geller. Ele estava acompanhado de dois psicólogos: Ray Hyman e Robert Van de Castle. O grupo pediu permissão de Puthoff e Targ para observar os experimentos oficiais que a SRI aplicava em Geller, mas o pedido foi negado. Os cientistas da SRI permitiram, contudo, que os visitantes realizassem os testes que quisessem com Uri Geller. O grupo realizou testes criados na hora, gravados pelas câmeras da SRI, e satisfizeram Van de Castle, mas não seus dois outros companheiros. [517]

Um deles era um ferrenho opositor de qualquer noção ligada à Parapsicologia e faria ataque aos experimentos (que seu próprio grupo realizou)

---

[516] JACOBSEN, Annie. **The Pentagon's brain: an uncensored history of DARPA, america's top secret military research agency.** Nova York, Boston e Londres: Little, Borwn and Company, 2015. [Versão Kindle]
[517] SMITH, Paul H. Ibidem.

classificando-os como "incrivelmente negligentes"[518] (comentário publicado na reportagem anteriormente citada para a *Time)*. Tratava-se de Ray Hyman, que participaria da organização cética *Scientific Investigation of Claims of the Paranormal* (CSICOP). Hyman escreveria sobre os perigos da crença em fenômenos paranormais em uma carta pedindo recursos financeiros:

> "(...) Crença em fenômenos paranormais continua crescendo, e os perigos para a sociedade são reais (...) nos dias de hoje com cortes de gastos pelo governo, o Departamento de Defesa pode estar gastando milhões de dólares dos contribuintes no desenvolvimento de 'armas psíquicas (...)'". Por favor, ajude-nos nessa batalha contra o irracional. Sua contribuição, em qualquer valor, nos ajudará a crescer e combater melhor a enxurrada de crença no paranormal (...)".[519] [Tradução livre]

---

[518] Tradução livre para: "'incredible sloppines'". SMITH, Paul H. Ibidem. p. 57.

[519] Tradução livre para: "" ... Belief in paranormal phenomena is still growing, and the dangers to our society are real ... [I]n these days of government budget-cutting the Defense Department may be spending millions of tax dollars on developing 'psychic arms ...' Please help us in this battle against the irrational. Your contribution, in any amount, will help us grow and be better able to combat the flood of belief in the paranormal ... ." PALMER, John. A.; HONORTON, Charles.; UTTS, Jessica. **Reply To The National Research Council Study On Parapsychology.** Disponível em: <

159

O trecho acima está exposto em documento da *Parapsychological Association*, logo abaixo o título do capítulo 2: "A anatomia do preconceito"[520] [Tradução livre]. O papel de Hyman será crucial no último documento de avaliação do Programa, que levou a seu fechamento em meados da década de 1990.

### 4.3.1.2. Pat Price

Além de Ingo Swann, outro civil participaria nos momentos iniciais do desenvolvimento da Visão Remota: Pat Price, que viria a ser considerado um dos melhores *Remote Viewers* da história. Annie Jacobsen afirma que ele teria "habilidades anômalas extraordinárias, que nunca foram igualadas"[521].

O primeiro contato com Ingo Swann e Harold Puthoff foi casual, enquanto os dois compravam árvores de natal para o escritório da SRI. O vendedor havia conhecido Puthoff em conferência realizada no ano anterior e, como lia os jornais locais, sabia das

---

https://www.cia.gov/library/readingroom/docs/CIA-RDP96-00789R002200420001-1.pdf>. Acesso em 16 de janeiro de 2018.
[520] Ibidem.
[521] Tradução livre para: "(...) extraordinary anomalous abilities that has never been matched." JACOBSEN, Annie. **Phenomena: the secret history of the U.S. government's investigation into extrasensory perception and psychokinesis.** p. 150.

pesquisas realizadas na SRI. Ele ofereceu-se para ajudar, mas foi ignorado.

Em um dos testes feitos por Kit Green a respeito da performance de Ingo Swann, ele pediu a outro agente da CIA (chamado "Russ"[522], na referência de Annie Jacobsen) que escolhesse uma localização de importância pessoal. Essa localização foi enviada a Ingo Swann para que fizesse uma visualização. Ingo conseguiu muitas informações, mas, no meio do processo, Pat Price ligou para Puthoff e ofereceu-se novamente para ajudar. Puthoff, surpreso, deu as coordenadas para que Price pudesse fazer sua visualização livre. O resultado final foi entregue a Kit Green, com as informações de Ingo Swann e Price, sendo que o veredicto foi positivo para os dois, mas as descrições de Price eram mais detalhadas que as de Swann, incluindo números e letras, uma deficiência tradicional na percepção de praticamente todos os demais visualizadores (alega-se que a Visão Remota não permite a percepção de números e letras por depender intensamente do lado direito do cérebro, mais relacionado à percepção artística-estética e à

---

[522] JACOBSEN, Annie. Ibidem. p. 155.

criatividade, o lado esquerdo do cérebro é visto como gerador de distorções -análise, julgamento, crítica- que impedem uma percepção adequada)[523].[524]

Essa visualização foi confirmada apenas tempos depois, sendo inicialmente considerada como errada. Isso se deu porque o alvo esperado era uma casa de campo, mas ambos os visualizadores relataram instalações militares subterrâneas complexas. Apenas depois de uma verificação *in loco* foi possível perceber que existia de fato uma base militar secreta adjacente à casa de campo. Esse trabalho de Visão Remota é conhecido como o experimento de *Sugar Grove (uma* vila em *West Virginia).*[525]

Price foi então agregado à equipe da SRI e, com o tempo, passou a ser mais requisitado que o próprio Ingo Swann. Esse, em mistura de seu temperamento e da competição que crescia, saiu da SRI, deixando todo o trabalho para Price, que se tornou o melhor

---

[523] SMITH, Daz. **Remote viewing dialogues: psychic spy veterans of the 23 year military & intel remote viewing programs share their experiences and expertise.** EUA: Daz Smith, 2015. [Versão Kindle]
[524] JACOBSEN, Annie. Ibidem.
[525] Ibidem.

visualizador disponível, passando a atender a todos os pedidos das agências (polícia, CIA e outras). Ele, assim como Ingo, era tido (e/ou autoconsiderado) como um dotado, a mesma categoria de Uri Geller.[526]

A participação de Price na SRI terminaria quando passou a usar suas capacidades psíquicas em empreendimentos próprios (na área de mineração) e em consultorias para mineradoras. Ele seria cooptado pela CIA para outros projetos secretos, não desclassificados até o ano de 2017.[527] Em 1975[528], ele teve uma morte cercada de mistérios, que levantou suspeitas de assassinato e levou à ação do FBI, que lançou investigação para verificar se a Igreja da Cientologia, à qual pertencia, estava envolvida.[529]

### 4.3.1.3. Hella Hamid

Hella Hamid, na casa dos 50 anos, era uma fotógrafa alemã amiga de Russell Targ sem qualquer experiência paranormal. Os experimentos com ela iniciaram-se de forma distinta do padrão, com

---

[526] Ibidem.
[527] Ibidem.
[528] SCHNABEL, Jim. Ibidem.
[529] JACOBSEN, Annie. **Phenomena: the secret history of the U.S. government's investigation into extrasensory perception and psychokinesis.** Ibidem.

comunicação dos cientistas via *walkie-talkie* com o *outbounder*, mas por período limitado ao treinamento dela. [530]

Os alvos que visualizou utilizando os métodos científicos padronizados geraram cinco descrições de nível um e três de nível dois (quanto mais baixo o número, melhor o resultado). Esse resultado numérico era atribuído após a submissão das visualizações a um grupo de juízes independentes da SRI. Eles deveriam receber os resultados e verificar pessoalmente se as informações batiam com a realidade do local onde esteve o *outbounder*, dando nota de acordo com o resultado. [531]

Os relatos produzidos por ela eram mais focados na sensação de estar no ambiente, enquanto Ingo Swann dava maiores detalhes topográficos e arquitetônicos. Pat Price provia maior número de informações de objetos presentes no local, mas não experimentados diretamente pelo *outbounder*.[532]

---

[530] SCHNABEL, Jim. Opus Citatum.
[531] TARG, Russel; PUTHOFF, Harold E. **Mind-reach: scientists look at psychic abilities.** Charlottesville: Hampton Roads Publishing Company, 2005. [Versão Kindle]
[532] Ibidem.

### 4.3.1.3.1. Visão Remota Premonitiva

Hella Hammid também foi responsável pela criação de um protocolo exclusivo que se adapta à sua capacidade de ver os alvos sem seguir nenhum protocolo em visualizações instantâneas, apenas pensando no alvo e falando o que percebia, ou antes mesmo do alvo ser escolhido. Para esse último caso, Puthoff escolhia um conjunto de dez alvos possíveis (pastas pardas lacradas) e Hella fazia a descrição do local. Após a conclusão da descrição, Puthoff utilizava um sistema eletrônico de randomização para escolher um dos dez pacotes lacrados e, finalmente, ver qual tinha sido o local escolhido e compará-lo com a descrição já feita. Foram quatro alvos avaliados dessa maneira, todos bem-sucedidos de acordo com os juízes independentes.[533]

### 4.3.1.3.2. Visão Remota Em Baixo D'água

Hella Hamid e Ingo Swann participaram de experimentos a pedido de Dale Graff, um físico da aeronáutica dos EUA e responsável burocrático pela gestão dos projetos de Visão Remota no âmbito militar, que queria replicar experimentos da marinha soviética,

---

[533] SCHNABEL, Jim. Ibidem.

assim como verificar se a explicação científica da Visão Remota estava relacionada com ondas em frequências extremamente baixas ("*Extreme Low Frequencies*"[534] - ELF). Para isso, os visualizadores remotos deveriam estar em submarino, muitos metros abaixo d'água. Tal barreira de água impediria a passagem de ondas de eletromagnéticas, gerando ambiente isolado de interferências eletrônicas.[535]

A antiga curiosidade científica, difícil de ser satisfeita devido à falta de acesso franqueado a submarinos, pode tomar forma quando Stephan Schwartz, oficial da marinha dos EUA, disponibilizou um pequeno submarino a fim de fazer explorações de carcaças de navios afundados na costa da Califórnia. Assim, Ingo e Hella puderam realizar sessões de Visão Remota submersos a mais de 500 metros sob a água, observando *outbounders* em terra. Esses experimentos foram classificados como secretos e tiveram como cliente a Força Aérea dos EUA, que tinha Graff como intermediário e a SRI como prestadora do serviço.[536]

---

[534] Ibidem. Localização 2823.
[535] Ibidem.
[536] Ibidem.

O experimento seria categorizado como pertencente à modalidade associativa de Visão Remota (como será visto posteriormente), com objetivo de enviar comandos simples (como: "ligue para a central") a um agente distante.[537] Em explanação temporária sobre o modelo associativo de Visão Remota, constata-se que consiste em associar objetos a mensagens predefinidas. Como exemplo rápido, tome-se a associação entre laranjas com a opção "sim" e bananas com a opção "não". Ao ter como resultado de uma sessão de Visão Remota o objeto banana, por exemplo, a resposta seria "não", enquanto a visualização de uma laranja indicaria a resposta "sim".

### 4.3.1.4. Outros Remote Viewers Iniciais

Outros *remote viewers* que participaram dos projetos na SRI de forma consistente foram: Gary Langford, John McMoneagle (que não será tratado aqui, mas na parte militar), Duanne Elgin e Keith Harary.[538] [539]

---

[537] Ibidem.
[538] Ibidem.
[539] TARG, Russel; PUTHOFF, Harold E. Opus Citatum.

### *4.3.1.4.1. Gary Langford*

Gary Langford, um especialista em computação com capacidade psíquica acima da média, esteve envolvido em um dos usos práticos exitosos da Visão Remota.[540] Possivelmente um dos casos mais famosos e com maior credibilidade devido a ter sido citado por um ex-presidente dos Estados Unidos.

Em 1978, um avião soviético *Tupolev*-22 caiu no Zaire. A recuperação do avião antes dos soviéticos permitiria a obtenção de valiosa informação de Inteligência. Satélites estadunidenses não foram capazes de localizar o avião e a missão foi passada para as mãos de Puthoff, que designou Langford como responsável pela visualização.[541]

Langford era especialmente dotado de capacidade de Visão Remota aprimorada para equipamentos eletrônicos e objetos. Em cerca de dez minutos na sessão, gravada por câmeras, e apenas com a informação de que deveria localizar um avião caído, ele identificou que o alvo se encontrava em uma floresta, com o avião parcialmente submerso em um rio

---

[540] SCHNABEL, Jim. Ibidem.
[541] Ibidem.

de cor escura. A informação foi repassada ao Pentágono. Lá, a informação foi tratada paralelamente com um grupo separado de visualizadores remotos agregado por Dale Graff. O alvo foi entregue, na forma de uma foto, a Frances Bryan (pseudônimo, de acordo com Jim Schnabel) que fez um desenho do local onde ele estava, repetindo o resultado do rio e adicionando características do terreno. Ambas as informações foram entregues à CIA, que pediu maiores informações. Os dados de ambos os visualizadores foram comparados a mapas e uma localização precisa foi encontrada por Graff. O avião foi encontrado a três milhas de distância do ponto indicado pelos visualizadores remotos.[542]

O sucesso foi relatado pelo Diretor da CIA (Stansfield Turner) ao presidente Jimmy Carter. Carter iria, anos mais tarde, revelar, em palestra para estudantes secundários, o uso de visualizadores remotos no caso.[543]

---

[542] Ibidem.
[543] Ibidem.

### 4.3.1.4.2. Duane Elgin

Duane Elgin, cientista sênior da SRI, teve seu primeiro contato com fenômenos anormais nos laboratórios da SRI, testando o sistema "ESP *teaching machine*"[544] (máquina de ensino de percepções extra-sensoriais, em tradução livre). A máquina apresentava, de forma aleatória, um dentre quatro alvos e avaliação eletrônica (certo ou errado) acontecia após serem pressionados determinados botões. Duane alegava receber informações de Visão Remota a partir de sensações corporais.

Duane, após aprender a técnica de visualização remota, obteria um acerto de nível um e três de nível dois. Ingo Swann também foi testado junto com ele, obtendo dois resultados de nível um e dois resultados de nível três. Em suas descrições, Elgin tinha como foco o comportamento do *outbounder*.

### 4.3.1.4.3. Keith Harary

Keith Harary foi o mais jovem a participar de tais programas para a SRI, tendo menos de 30 anos de idade. Ele já estava envolvido com pesquisas

---

[544] TARG, Russel; PUTHOFF, Harold E. Ibidem. Localização 2344.

paranormais, tendo realizado estudos sobre experiência fora do corpo ao lado de Ingo Swann.

Ele foi um dos remote viewers chamados a atuar em objetivos políticos e militares para o governo dos EUA, sendo visualizador durante a crise dos reféns no Irã, chamado pelo NSC (*"National Security Council"*[545] – Conselho de Segurança Nacional, em tradução livre).

Pode-se alegar que sua principal contribuição para a Visão Remota esteve no fato de discordar frontalmente dos métodos de Ingo Swann. Ingo utilizava o método que utilizava coordenadas geográficas, mas Harary acreditava que tal prática era prejudicial pois induzia o visualizador a buscar em sua memória um local aproximado no mapa (continente, país ou cidade) onde aquela coordenada poderia estar. Essa crítica foi diplomaticamente aceita por Puthoff, que passou progressivamente a embaralhar os números das coordenadas geográficas, usando algoritmo de criptografia, e entrega-las dessa forma ao visualizador remoto, tornando inútil qualquer esforço de relacionar as coordenadas com locais em um mapa. Os resultados mantiveram-se positivos. Em outro

---

[545] SCHNABEL, Jim. Ibidem. Localização 285,9.

experimento específico, ao invés de ser usada coordenada (regular ou embaralhada), apenas foi dita a palavra "alvo", como no relato abaixo:

> "Finalmente, um dia, Puthoff estava na sala de visualização remota com Harary, a ponto de começar a sessão, e Harary, incomodado, disse: 'Por que você não diz simplesmente 'alvo'?
>
> 'Certo', disse Puthoff: 'Alvo'.
>
> Ambos lembram-se que Harary acertou o local."[546] [Tradução livre]

### 4.3.1.5. Considerações finais sobre a SRI

Em 1985, Harold Puthoff saiu da SRI para envolver-se em pesquisas físicas sobre energia infinita, a chamada *"zero-point-energy-tapping"*[547] (energia de ponto zero, em tradução livre). Em 2018, foi contratado pela empresa privada *"To the Stars Academy of Arts and Science"*[548] para continuar o mesmo objetivo. A empresa tem por objetivo criar uma nave com tecnologia semelhante à de um OVNI (objeto voador

---

[546] Tradução livre para: "Finally, one day, Puthoff was in the remote-viewing room with Harary, about to start a session, and Harary in exasperation said, "Why don't you just say 'target'?" "Okay," said Puthoff. "Target." Both remember that Harary nailed the site." Ibidem. Localização 1172.

[547] Ibidem. Localização 4854.

[548] **To The Stars Academy.** Disponível em: <https://dpo.tothestarsacademy.com>. Acesso em 04 de julho de 2018.

não identificado) clássico e foi diretamente responsável, nos anos de 2017 e 2018, pela divulgação de vídeos do Pentágono com imagens desses objetos.[549] [550] [551]

Após a saída de Puthoff, os esforços de Visão Remota da SRI foram levados à frente por Edwin C. May, doutor em física nuclear,[552] que até então trabalhava com aspectos burocráticos e de financiamento do projeto junto ao Congresso dos EUA, principalmente. [553] Os trabalhos com Visão Remota foram transferidos para a *"Science Applications*

---

[549] BLUMENTHAL, R. On the Trail **of a Secret Pentagon U.F.O. Program.** Disponível em: <https://www.nytimes.com/2017/12/18/insider/secret-pentagon-ufo-program.html>. Acesso em 16 de fevereiro de 2018.
[550] COSH, Colby. **Colby Cosh: Looks like UFOs are back. What next, CB radios?** Disponível em:<http://nationalpost.com/opinion/colby-cosh-looks-like-ufos-are-back-what-next-cb-radios>. Acesso em 16 de fevereiro de 2018.
[551] COOPER, H.; BLUMENTHAL, R.; KEAN Kean, L. **Glowing Auras and 'Black Money': The Pentagon's Mysterious U.F.O. Program.** Nytimes.com. Disponível em: <https://www.nytimes.com/2017/12/16/us/politics/pentagon-program-ufo-harry-reid.html?_r=0>. Acesso em 21 de junho de 2018.
[552] POPKIN, Jim. **Meet The Former Pentagon Scientist Who Says Psychics Can Help American Spies.** Disponível em: <http://www.newsweek.com/2015/11/20/meet-former-pentagon-scientist-who-says-psychics-can-help-american-spies-393004.html >. Acesso em 16 de fevereiro de 2018.
[553] SCHNABEL, Jim. Ibidem.

*International Corporation*[554] (SAIC) por volta de 1991, mas continuaram sob supervisão de Edwin C. May. Seu trabalho na área foi oficialmente finalizado em 1995. [555]

### 4.3.2. A Visão Remota Militar

Em uma perspectiva geral, o desenvolvimento da Visão Remota militar dependeu dos estudos iniciais da SRI, mas tomou seus próprios rumos e desenvolveu técnicas diferenciadas.

Em 1977, Frederic Holmes Atwater, recém treinado como espião militar, foi designado para atuar em *Fort Meade*, o local que reunia os espiões militares dos EUA. A posição que ocupou foi no escritório do "Assistente do Chefe de Gabinete para Inteligência"[556] [Tradução livre]. Exatamente a mesa que ocupou ainda continha os documentos secretos que falavam sobre as pesquisas soviéticas sobre o uso de poderes mentais para Inteligência, que estavam até então sob

---

[554] SMITH, Paul H. Ibidem. p. 502.
[555] SCHNABEL, Jim. Opus Citatum.
[556] Tradução livre para: "(...) Assistant chief of staff for Intelligence (...)". Ibidem. Localização 108.

responsabilidade do coronel Kowaski, que estudava descompromissadamente a questão.[557]

Após pesquisar os documentos, descobriu os trabalhos da SRI sobre a técnica conhecida como Visão Remota. Foi ele quem fez a proposta inicial para que fosse criada uma equipe de visualizadores remotos militares. Sob a promessa de pesquisar o assunto com poucos recursos, comprometendo os participantes militares apenas em parte de seu tempo (por algumas horas por semana) e sem deixarem suas antigas unidades, a proposta foi aprovada (com relativa facilidade, já que o comando superior, na pessoa do major general Thompson, era simpático às ideias que envolviam Parapsicologia). O objetivo maior era descobrir qual o nível da ameaça soviética no campo psíquico. Surgia, assim, a primeira unidade de "espiões psíquicos"[558] [Tradução livre] dos militares dos EUA.[559]

### 4.3.2.1. Programa *Gondola Wish*

O programa de pesquisa em Visão Remota iniciou-se com o nome "*Gondola Wish*", em escritório

---

[557] Ibidem.
[558] Tradução lire: "(...) psychic spies (...)". Ibidem. Localização 219.
[559] Ibidem.

em *Fort Meade*. Recebendo consultoria da SRI, os militares tinham apenas como parâmetros básicos para a escolha dos visualizadores remotos a noção, baseada nos estudos até então desenvolvidos, que habilidades artísticas, criatividade e inteligência espacial eram grandes indicadores de facilidade na área. Limitados em recursos, passaram apenas a perguntar aos candidatos se acreditavam em poderes da mente ou se tinham alguma experiência anterior no assunto.

Os escolhidos, após meses de seleção, foram apenas seis: Mel Riley (espião militar), Joseph McMoneagle (espião militar), Ken Bell (agente de campo e praticante de meditação), Fern Gauvin (agente de campo com muitas experiências psíquicas, incluindo experiências fora do corpo, e praticante de *yoga*), Nancy Stern (civil a serviço do exército e especialista em IMINT) e Hartleigh Trent (espião militar). Eles foram treinados, então, pela SRI. Os usos iniciais eram apenas testes ou até mesmo recreativos, como a criação da "Visão Remota Associativa"[560] [Tradução livre] (ARV), com finalidade de gerar

---

[560] Tradução livre para: "(...) Associative Remote Viewing (...)". Ibidem. Localização 369.

informações binárias ou, no caso prático: acertos em loterias. Após dificuldades em prédio com estruturas de baixa qualidade, a unidade foi movida para os prédios 2560 e 2561, que se tornariam as acomodações definitivas (e icônicas) do programa pelos muitos anos que se seguiriam. [561]

Os visualizadores remotos do *Gondola Wish* passaram a receber, então, demandas de diferentes órgãos de inteligência, incluindo projetos duplicados, que eram enviadas também para a SRI e depois tinham a performance comparada. [562]

### *4.3.2.1.1. Uso Humano*

Foi no período *Gondola Wish* que, em consequência dos escândalos envolvendo pesquisas pouco éticas da CIA com LSD e controle da mente (vide capítulo anterior), a Visão Remota foi considerada como atividade sujeita às regras sanitárias de "experimentação de uso humano"[563] [Tradução livre], chamada por vezes simplesmente de

---

[561] Ibidem.
[562] Ibidem.
[563] Tradução livre para: "(...) human use experimentation (...)". Ibidem. Localização 342.

"uso humano"[564] [Tradução livre]. Com isso, todos os envolvidos teriam que assinar documentos aceitando participar dos experimentos.[565] [566] Alguns dos documentos que serão analisados como ponto central deste estudo serviram exatamente a esse propósito.

Tal limitação gerou obrigações burocráticas adicionais, que transformaram o processo de aprovação recorrente e continuidade do programa de Visão Remota um desafio constante.[567] A esse respeito, o visualizador remoto Paul H. Smith comenta:

> "A despeito do fato dos participantes darem seu consentimento ou não, o próprio Secretário do Exército precisava aprovar a continuidade de qualquer programa que envolvesse uso humano. Contudo, obter esse tipo de aprovação poderia ser um pesadelo. Apresentações e artigos informativos tinham que passar por diferentes mãos antes que sequer pudessem chegar ao Secretário. A movimentação poderia ser pausada em qualquer uma das etapas intermediárias e, mesmo que chegasse à mesa do Secretário, não havia garantia de que seria aprovada."[568]

---

[564] Tradução livre para: "Human Use". SMITH, Paul H. Ibidem. p. 116.
[565] SCHNABEL, Jim. Ibidem.
[566] SMITH, Paul H. Ibidem.
[567] Ibidem.
[568] Tradução livre para: "Regardless of whether all participating subjects gave their consent or not, the Secretary of the Army himself had to approve continuation of any program involving

Tais problemas burocráticos são importantes para o entendimento do porque da existência de quebras constantes na regularidade do seguimento das atividades de Visão Remota militar, assim como mudanças de nomes em programas. Tais minúcias não serão amplamente exploradas neste trabalho, mas devem ser observadas por aqueles que quiserem entender melhor os motivos de inúmeras pausas, atrasos e retrocessos operacionais.

### 4.3.2.2. Programa *Grill Flame*

Em 1978, após mudanças operacionais (dentre as quais a nova denominação do grupo para "Ramo de Ações Especiais"[569] [Tradução livre]), três visualizadores (Mel Riley, Ken Bell e Joseph McMoneagle) passaram a atuar de forma integral em visualizações que buscavam obter informações para clientes da comunidade de inteligência (como a CIA,

---

Human Use. And getting this approval could be a nightmare. Briefings and information papers had to pass through various layers of underlings before the Secretary could even be approached. The action might be shortstopped at any of those points. And even if it were to make it to the Secretary's desk, that was no guarantee it would be approved.". Ibidem. p. 118.

[569] Tradução livre para: "(...) Special Action Branch". SCHNABEL, Jim. Ibidem. Localização 108.

forças especiais do Exército, Força Delta[570] [Tradução livre] do Pentágono). O selo de tais mudanças veio com a alteração do nome do programa, que deixou de ser *Gondola Wish* e tornou-se *Grill Flame*. Tal codinome incorporava os conhecimentos da SRI e de *Fort Meade*.[571]

As tarefas de Visão Remota recebidas incluíram:

- **Submarino russo:** em um dos casos que pode ser considerado emblemático (por ser reproduzido em muitas fontes), Mcmoneagle visualizou a construção de um submarino secreto russo. A visualização seria confirmada por meio de fotos de satélite quatro meses depois.

---

[570] Tradução livre para: "(...) Pentagon's Delta Force commando unit (...)". Ibidem. Localização 606.
[571] Ibidem.

Tratava-se do submarino *Typhoon*.[572] [573] [574] [575] [576] [577]

- **Invasão da embaixada dos EUA no Irã:** os *remote viewers* receberam a tarefa do Pentágono e da NSA, em 1979-1980, de visualizarem o layout do local onde estavam os reféns, assim como o "estado físico, mental, aparência e atitudes dos captores"[578]. [Tradução livre]

- **Caso Lop Nor:** Mel Riley, McMoneagle e Ken Bell visualizaram remotamente dispositivo nuclear chinês no ano de 1979 e previram que a tentativa de explosão nuclear fracassaria.[579]

- **Embaixadas estrangeiras:** geração de mapas do *layout* interno de embaixadas

---

[572] MCMONEAGLE, Joseph. **Stargate chronicles: memoirs of a psychic spy.** EUA: Crossroad Press, 2013. [Versão Kindle]
[573] SMITH, Paul H. Ibidem.
[574] MAY, Edwin C.; RUBEL, Victor.; MCMONEAGLE, Joseph W.; AUBARCH, Loyd. Ibidem.
[575] JACOBSEN, Annie. Opus Citatum.
[576] SMITH, Daz. Ibidem.
[577] SCHNABEL, Jim. Opus Citatum.
[578] Tradução livre para: "(...) their physical and mental states, the appearances and attitudes of their captors (...)" Ibidem. Localzação 1203.
[579] Ibidem.

e outros locais. Essas informações eram usadas por espiões (HUMINT) a fim de "invadir os prédios para instalar escutas ou roubar informações"[580].[581]

- **Busca por pessoas ou objetos:** um dos casos envolveu a NSA, que tentava descobrir por que meio informações estavam vazando de um consulado. O resultado foi a localização de espiões russos capturando dados por meio de escuta; em outro momento, foi visualizado um tanque XM-1, ainda em desenvolvimento, escondido em hangar pelo exército (em exercício que visava verificar a utilidade da técnica de Visão Remota); a Força Aérea também entregou um alvo teste, ocasião onde Riley descreveu o jato secreto B-2.[582]

- **Localização de avião A-6 da Marinha:** McMoneagle conseguiu perceber a

---

[580] Tradução livre para: "broke into the buildings to plant listening devices or to steal information". Ibidem. Localização 609.
[581] Ibidem.
[582] Ibidem.

palavra *Bald* e diversas informações sobre o local da queda, mas sem uma indicação no mapa. Mais tarde, confirmou-se que o local da queda foi em uma montanha conhecida como *Bald Knob*, no estado da Virgínia.[583]

- **Interrogatório e influência mental remota:** no caso de um prisioneiro da KGB resistente a ceder qualquer informação aos interrogadores da CIA, a equipe de visualizadores recebeu a tarefa de tentar entrar em sua mente e extrair informações por meio de um tipo de interrogatório mental: não houve sucesso inicial (apesar do método "parecer ter funcionado em muitas ocasiões"[584]). Após obterem informações pessoais do prisioneiro, passaram a influenciá-lo mentalmente em assuntos específicos e conseguiram quebrar sua resistência. O argumento enfatizado foi o de que seus

---

[583] Ibidem.
[584] Tradução livre para: "(...) it had seemed to work for them on many occasions." Ibidem. Localização 718.

filhos precisavam dele. Isso "baixou suas barreiras mentais"[585] [Tradução livre] e conseguiram extrair informações operacionais que levaram à revelação de que calculadoras modificadas eram usadas como mecanismos de criptografia e descriptografia de mensagens; em outra missão, McMoneagle descobriria, pelo mesmo método de interrogatório mental à distância, que varas de pescar eram usadas por membros da embaixada russa para acessarem local elevado onde eram escondidas correspondências secretas.[586]

- **Percepção do futuro:** em tarefa recebida por agente da INSCOM ("Comando de Inteligência e Segurança do Exército"[587] [Tradução livre] que era a autoridade máxima de gerenciamento dos espiões militares dos EUA em todo o

---

585 Tradução livre para: "(...) that the man's mental barrier had been lowered enough (...)". Ibidem. Localização 737.
586 Ibidem.
587 Tradução livre para: "(...) Amy's Intelligence and Security Command (...)". Ibidem. Localização 87.

mundo), McMoneagle teve que visualizar evento futuro, onde representantes da Coreia do Norte e do Sul encontrariam-se. Todos os visualizadores envolvidos (McMoneagle, Riley, Bell e Trent) tiveram percepções distintas, mas nenhum confirmou que a reunião aconteceria. McMoneagle, então, passou a teorizar que isso devia-se à ausência do evento alvo esperado, ou seja: fazer uma sessão de Visão Remota sobre evento futuro inexistente geraria confusão entre as percepções dos membros da equipe. De fato, a reunião foi cancelada pelos norte-coreanos.[588] Outro exemplo diz respeito à percepção sobre quais cômodos de uma embaixada, ainda a ser construída na União Soviética, seriam afetadas por escutas inseridas sorrateiramente durante o processo de construção (que estava sob responsabilidade de nacionais soviéticos). As percepções futuras confirmavam as escutas até

---

[588] Ibidem.

determinado momento, mas passavam a ficar confusas em futuro mais distante. Alguns anos mais tarde, quando a CIA e a NSA tentaram analisar as paredes com máquinas de raios-X, os soviéticos protestaram e abandonaram a construção da embaixada. As máquinas de raios-X confirmaram as escutas. A construção foi paralisada e indicada para demolição, mas acabou recebendo novos recursos do Congresso em 1994.[589]

A despeito de receberem apoio de diferentes atores (como o general Thompson no Pentágono, general Stubblebine, "muitos oficiais da CIA e da DIA"[590] [Tradução livre], o congressista Charlie Rose, que chegou a falar sobre o assunto em entrevista para a revista *Omni*[591] de 1979, e outros agentes dentro da comunidade de inteligência), o programa sofreria contratempos nas mãos de generais contrários ao uso

---

[589] Ibidem.

[590] Tradução livre para: "(...) several officials at the CIA and DIA (...)". Ibidem. Localização 864.

[591] STUCKEY, William K. Official Circles: Psi on Capitol Hill. **OMNI**. julho, 1979. Disponível em: < http://www.housevampyr.com/training/library/books/omni/OMNI_1979_07.pdf>. Acesso em: 05 de março de 2018.

da paranormalidade. Foi o que ocorreu com a saída do general Thompson do posto de Assistente do Chefe de Gabinete para Inteligência e subsequente substituição pelo general William Odom, em 1981. Tal mudança fez com que as atividades mudassem de supervisão, saindo do Gabinete do Chefe de Inteligência para o INSCOM, sob comando do general Stubblebine.[592]

### 4.3.2.3. Programa *Center Lane*

Após a mudança de comando para Stubblebine, o grupo de visualizadores passou a ser chamado de "*Detachment G*"[593] [traduzido de forma livre como: Destacamento G] ou "Det G"[594]. Em 1983, o programa receberia um novo nome: "*Center Lane*"[595] e a unidade seria chamada de ICLP (*INSCOM Center Lane Project*). O período inicial do comando Stubblebine foi de indefinição, com uma divisão entre os apoiadores da perspectiva Ingo Swann, que afirmava que todos poderiam aprender a realizar visualizações remotas, e a perspectiva de McMoneagle, que afirmava que

---

[592] Ibidem.
[593] JACOBSEN, Annie. **Phenomena: the secret history of the U.S. government's investigation into extrasensory perception and psychokinesis.** Ibidem. p. 232.
[594] Idem.
[595] SCHNABEL, Jim. Ibidem. Localização 4240.

apenas aqueles com capacidades psíquicas especiais poderiam ser bons *remote viewers* (esta vertente dá muita importância a experiência paranormais anteriores, especialmente experiências de quase-morte e fora do corpo).[596] Parte da equipe se desfez com o tempo, com Bell deixando a unidade ainda em 1982. No mesmo ano, depois de problemas de saúde com dois visualizadores, McMoneagle tornou-se o único *remote viewer* ativo no âmbito militar.[597]

Nesse período, os casos de maior repercussão foram:

- **Sequestro do general Dozier:** o objetivo inicial era descobrir se Carlos Chacal estaria preparando atentado contra Ronald Reagan, Presidente dos EUA. O esforço foi realizado em parceria com a SRI e foi feita a visualização futura de um furgão azul sequestrando um oficial de alto nível dos EUA. Dias depois, o evento previsto ocorreu, resultando no sequestro do general de brigada James Dozier, em Verona, Itália. As Brigadas Vermelhas

---

[596] MCMONEAGLE, Joseph. Ibidem.
[597] SCHNABEL, Jim. Opus Citatum.

foram as responsáveis. McMoneagle foi capaz de localizar um dos locais de cativeiro, mas a polícia não agiu sobre as informações. Dozier seria encontrado depois que um dos membros do grupo foi preso e informou o local, que acabou sendo o mesmo indicado por McMoneagle.[598]

- **Visualização de áreas internas:** os visualizadores remotos foram usados para detalhar o *layout* interno de instalações de grupos militantes islâmicos, como a casa de Muhammad Hussein Fadlallah, do Hezbollah.[599]

- **Observação de Manuel Noriega:** o ditador do Panamá foi mantido sob observação por parte dos *remote viewers* sob ordens do general Stubblebine. Os locais onde ele ficava eram observados por espiões no local (HUMINT) e as fotos eram usadas como alvos para que os

---

[598] Ibidem.
[599] Ibidem.

visualizadores criassem mapas do *layout* interno das instalações.[600]

Sete novos recrutas seriam treinados no SRI e agregados ao time entre 1983 e 1984.[601]

### 4.3.2.4. Programa Sun Streak

Após novo processo de incerteza burocrática, em 1986 a unidade de *remote viewers* seria transferida para a DIA, sob novo codinome: *Sun Streak*. A unidade deixou de ser conhecida como DET-G e passou a ser chamada DT-S (por estar ligada a diretório que lidava com tecnologia e inteligência, sendo a letra S uma referência a seu caráter especial – do inglês *special*). Dentre os novos membros da equipe, após saídas e transferências, podem ser citados Paul H. Smith, Gene Kincaid, Lyn Buchanan, Edward Dames e Angela Dellafiora (civil). A maioria passou por treinamento com Ingo Swann, mas o método dos militares era uma modificação do original de Swann, como será explicado posteriormente.[602]

Dentre as missões à época estavam:

---

[600] Ibidem.
[601] Ibidem.
[602] Ibidem.

- **Ataque contra Qadafi:** os visualizadores remotos tiveram que localizar onde estava o líder da Líbia, que se movia constantemente e de forma secreta. Lyn Buchanan fez visualização que permitiu localizar um possível alvo e o local foi bombardeado, não atingindo Qadafi, mas matando sua filha. Lyn escreveu, em seu livro[603], uma carta pedindo desculpas ao líder líbio por ter participado da operação que levou à morte de sua filha (apesar de dizer que o próprio Qadafi merecia ter morrido).[604]

- **Observação de laseres russos:** além da observação de equipamentos russos com lasers, a equipe previu corretamente que no futuro seriam construídas instalações com aparência de domos ou iglus.[605]

---

[603] BUCHANAN, Lyn. **The seventh sense: the secrets of remote viewing as told by a 'psychic spy' for the U.S. Military.** Nova York: Pocket Books, 2009. [Versão Kindle]
[604] SCHNABEL, Jim. Ibidem.
[605] Ibidem.

- **Reféns no Líbano:** esforço sem sucesso de localizar ocidentais presos.[606]

- **Monitoramento de armas no Oriente Médio:** observação de armas iranianas e mísseis chineses no período final da guerra entre Irã e Iraque.[607]

- **Operações contra o tráfico de drogas:** recebendo tarefas da guarda-costeira e dos departamentos policiais de combate ao tráfico de drogas, foram realizadas diversas operações buscando observar navios ou membros de cartéis em busca de drogas. Em procedimento novo, os visualizadores remotos foram levados até o local e realizaram as sessões de Visão Remota embarcados em aeronaves ou barcos (que sobrevoavam os alvos há poucos metros de distância).[608] De acordo com Paul H. Smith: "No fim, nossa performance de visualização remota foi impressionante. Nós conduzimos mais de

---

[606] Ibidem.
[607] Ibdiem.
[608] Ibidem.

cem projetos para as forças-tarefas antidrogas em ambas as costas, além de outras agências antinarcóticos."[609] [Tradução livre]

- **Visualização de prisioneiros de guerra no Vietnã:** foram realizadas missões com o objetivo de verificar se ainda existiam prisioneiros de guerra mantidos secretamente sob poder das forças vietnamitas. As visualizações confirmaram tal situação e trouxeram detalhes sobre como eram tratados, também mostraram envolvimento da Rússia. [610]

O período foi marcado por brigas internas na equipe, em especial entre dois grupos: o dos visualizadores remotos homens, que adotavam principalmente métodos variados daquele criado por Ingo Swann; e as mulheres do grupo (que não

---

[609] Tradução livre para: "In the end, our remote-viewing performance was impressive. We conducted more than a hundred projects for drug task forces on both coasts, plus other government counter-narcotics agencies." SMITH, Paul H. Ibidem. p. 495.
[610] SCHNABEL, Jim. Ibidem.

receberam treinamento de Ingo Swann: Angela e Robin Dahlgren), que passaram a adotar métodos sem qualquer respaldo científico prévio dentro do âmbito das pesquisas até então realizadas pela SRI ou pelos militares. Tais métodos novos eram voltados para comunicação com entidades ou espíritos, até mesmo por meio de possessões. Angela Dellafiora iniciou esse processo, obtendo poucos resultados positivos, mas alguns acertos espetaculares. Ela afirmava entrar em contato e receber informações de Visão Remota de três entidades, com os nomes de "Maurice"[611], "George"[612] e "Dr. Einstein"[613].

Dahlgren, que abertamente dizia desprezar o método Ingo Swann, passou a usar cartas de tarô como forma de realizar suas sessões de Visão Remota. Ela, porém, teria "habilidades psíquicas insignificantes, independente do método que usasse"[614] [Tradução livre]. O relacionamento amoroso dela com um agente político estratégico, que ajudava na manutenção do grupo de Visão Remota (Dick

---

[611] Ibidem. Localização 5123.
[612] Idem.
[613] Idem.
[614] Tradução livre para: "(...) psi abilities were insignificant no matter what technique she used. (...)". Ibidem. Localização 5197.

D'Amato, que era assessor de Senador Robert Byrd), agravava a situação, gerando atritos sérios e punições aos membros da equipe que defendiam os métodos tradicionais ou que exigissem determinados comportamentos dentro do padrão já conhecido. Como consequência geral, houve um declínio na motivação e na performance dos visualizadores. [615] [616]

Importante perceber, contudo, que um dos métodos utilizados pelas equipes sob instruções de McMoneagle era, de uma forma ou de outra, semelhante em termos de peso sobrenatural ou desvio do método Ingo Swann. A diferença está no fato do método McMoneagle (ERV – *Extended Remote Viewing*"[617] ou Visão Remota estendida, em tradução livre) ter sido acompanhado por monitoramento técnico por muito tempo, por meio de sensores eletroencefalográficos, de batimentos cardíacos e outros instrumentos de medição. Outro ponto favorável foram os bons e consistentes resultados apresentados.[618]

---

[615] Ibidem.
[616] SMITH, Paul H. Ibidem.
[617] SCHNABEL, Jim. Opus Citatum. Localização 2226.
[618] MCMONEAGLE, Joseph. Ibidem.

Em 1988, David Morehouse[619] seria integrado ao programa. Sua presença seria de vital relevância para o fechamento de todas as pesquisas e práticas relacionadas com Visão Remota na década seguinte.[620] De acordo com seu relato, ele teria vivido experiência de quase-morte após receber um tiro no capacete (que causou desmaio e estadia em hospital, mas sem perfuração do crânio ou dano físico permanente), em situação de treinamento militar no exterior. No momento do incidente e enquanto estava inconsciente, ele teria entrado em contato com um ser angelical e sua visão de mundo teria mudado. Ele teria, no futuro, outros contatos com esses seres angelicais. Quando fez consulta com psicólogo militar ("Dr. Innis Baker"[621]) e relatou suas experiências paranormais, ao invés de ser diagnosticado com algum tipo de doença mental, foi direcionado para a unidade de visualizadores remotos da DIA, que esperava por candidatos com aquele tipo de experiência e tinha instruídos os profissionais de saúde mental a

---

[619] MOREHOUSE, David Allen. **Psychic warrior: inside the CIA's Stargate Program: the true story of a soldier's espionage and awakening.** Nova York: St. Martin's Press, 2011. [Versão Kindle]
[620] SCHNABEL, Jim. Opus Citatum.
[621] MOREHOUSE, David Allen. Ibidem. p. 59.

verificarem tais capacidades mentais em seus pacientes.[622]

Outro *remote viewer* controverso (e que teria papel nos momentos finais das atividades de Visão Remota) foi Edward Dames, que atuava como monitor (auxiliar no processo de visualização realizado por outro sujeito). A parte de seu trabalho que gerou descontentamento generalizado foi o fato de, de tempos em tempos, colocar entre alvos militares úteis outros alvos para os quais seria difícil ou improvável obter informações que confirmassem os dados obtidos. Ou seja: alvos sem *feedback*, sem a possibilidade do visualizador ou a equipe saberem se houve acerto ou erro, tirando tais sessões do âmbito científico (o uso de dados estatísticos era importante para garantir o suprimento de dinheiro para o programa, que precisava de aprovação periódica do Congresso). Exemplos eram visualizações envolvendo viagens no tempo, como: Roma cem anos depois de Cristo; ou as aparições históricas de Nossa Senhora, como em Fátima e Medjugorje. Muitas traziam informações coerentes com a época e as características do alvo,

---

[622] Ibidem.

mas sem forma possível de comprovação definitiva. Tais alvos geravam atrito com alguns visualizadores, como Angela Dellafiora, que fez reclamação formal para seus superiores. [623] [624]

### 4.3.2.5. Programa *Stargate*: o fim da linha

O quadro de pessoal no período Stargate (houve mudança de codinome no final de 1990) era reduzido: Lyn, Angela, Robin, Greg Seward e Linda Anderson. Desses, Lyn aposentar-se-ia em 1991 e Linda sairia em 1992, após o nascimento de sua filha. Assim, apenas três pessoas restaram na equipe de visualizadores remotos.[625]

Em meio a novos embates burocráticos, o clima era de tensão e suspeitas. O defensor e responsável pela parte burocrática dos programas de Visão Remota por muitos anos, Dale Graff, aposentara-se em junho de 1993 e seu substituto (Andy Gillespie foi o pseudônimo usado por Paul H. Smith para fazer referência a tal pessoa) obedecia mais livremente a um superior (John Berberich) que na prática seguia as

---

[623] SCHNABEL, Jim. Ibidem.
[624] SMITH, Paul H. Ibidem.
[625] Ibidem.

vontades de D'Amato, na dinâmica político-social relatada anteriormente.[626]

### 4.3.2.5.1. Programa Stargate em sentido amplo

Importante notar que o termo "Programa Stargate" tem dois sentidos: a) um sentido temporal restrito aos anos posteriores a 1990; b) um sentido mais amplo, assim entendido no restante deste trabalho, por incluir todos os documentos anteriormente gerados e, ao mesmo tempo, ser a designação oficial pela qual tais documentos foram liberados ao público pela CIA.

Assim, este trabalho analisa o "Programa Stargate" em sentido amplo, incluindo todos os documentos liberados pela CIA, DIA e demais órgãos envolvidos e que abrangem todo o histórico desde a SRI e até documentos anteriores incorporados com valor de conhecimento agregado por aquele órgão de Inteligência.

---

[626] Ibidem.

O termo também pode variar a grafia de acordo com a fonte: "Stargate"[627] ou "Star Gate"[628]. Neste trabalho, o termo utilizado será "Stargate", seguindo a nomenclatura presente no sítio da CIA, na lista de coleções de documentos.[629]

### 4.3.2.5.2. Vazamento de Informações em 1991

Em 19 de novembro de 1991, a agência de notícias *Associated Press* divulgou reportagem ("*U.N. Enlists Psychic Firm to Find Iraqi's Weapon Sites*"[630]) falando sobre o uso de médiuns pela ONU na busca de armas químicas no Iraque. As buscas foram realizadas por meio da empresa privada chamada PSI Tech, criada por Edward Dames ainda em 1989. O próprio Dames deu entrevistas confirmando e detalhando as ações. Os documentos fundacionais da empresa entregavam aos olhos públicos mais membros da unidade de visualizadores remotos: Paul H. Smith,

---

[627] MCMONEAGLE, Joseph. **Stargate chronicles: memoirs of a psychic spy.** Ibidem. Localização 22.

[628] CARMICHAEL, Scott. W. **Unconventional method.** Estados Unidos: Kindle, 2014. [Versão Kindle] Localização 471.

[629] **STARGATE | CIA FOIA.** Disponível em: <https://www.cia.gov/library/readingroom/collection/stargate>. Acesso em 22 de junho de 2018.

[630] JACOBSEN, Annie. **Phenomena: the secret history of the U.S. government's investigation into extrasensory perception and psychokinesis.** Ibidem. Localização 6931.

David Morehouse e Mel Riley. O general Stubblebine e um coronel também faziam parte do empreendimento e assinaram os documentos de fundação da empresa.[631]

A despeito da limitada repercussão, o efeito no âmbito dos militares foi muito grande. Generais passaram a ter de lidar constantemente com questionamentos sobre o tema. Informações surgiram sobre a colaboração de Dames e Morehouse para o lançamento de um livro falando sobre o programa que ainda era secreto, a ser publicado por Jim Marrs[632] (o livro seria publicado muitos anos mais tarde, no ano 2000, depois de contratempos e cancelamentos).[633]

### 4.3.2.5.3. David Morehouse e o Fim do Programa Stargate

O momento que pode ser considerado decisivo para o comprometimento dos esforços secretos de Visão Remota foi quando David Morehouse passou a responder judicialmente (dentro do âmbito da justiça militar) por um caso amoroso com a esposa de um

---

[631] Ibidem.
[632] MARRS, Jim. **Psi spies: the true story of america's psychic warfare program.** Nova Jersey: New Page Books, 2007.
[633] Ibidem.

colega. O caso também envolvia a entrega de material militar (um computador) para pessoa não autorizada. No conjunto, ele corria o risco de ser expulso. Como possível técnica de defesa, Morehouse alegou ter sofrido um surto e foi internado para cuidados psiquiátricos. Como causa, alegou sofrer as consequências dos anos em que esteve exposto aos projetos de Visão Remota. Isso levou a uma investigação judicial que acabou vindo a público, expondo novamente o programa ao escrutínio nacional. Uma reportagem para o programa televisivo *60 Minutes* chegou a ser preparada, mas não foi ao ar por falta de confirmação oficial. A justiça militar não aceitou o argumento de Morehouse, mas ele acabou entrando em acordo e sendo dispensado com a manutenção dos benefícios a que tinha direito, em 1995.[634]

No mesmo ano, o Congresso ordenou que o programa fosse avaliado por entidade externa e os trabalhos voltaram para as mãos da CIA.[635] Dentre os visualizadores, como Paul H. Smith, é sustentada a

---

[634] Ibidem.
[635] JACOBSEN, Annie. **Phenomena: the secret history of the U.S. government's investigation into extrasensory perception and psychokinesis.** Ibidem.

teoria de que o objetivo da CIA naquele ponto era fechar o programa a qualquer custo, empregando ardis para que os relatórios condenassem os trabalhos. [636] Smith chegou a afirmar:

> "Os revisores tiveram menos de dois meses para examinar os resultados de em quarto de século de pesquisas. Essa era uma tarefa impossível, assim, o volume de documentos foi reduzido de duas formas: apenas dez dentre centenas de experimentos de visão remota e paranormalidade seriam revisados; e nenhuma das milhares de sessões de inteligência sobre visão remota anteriores a 1994 seriam sequer consideradas."[637] [Tradução livre]

Também afirmou que as avaliações foram feitas sobre cerca de 40 sessões, realizadas por apenas três visualizadores remotos "desmoralizados"[638] (devido à falta de motivação e conflitos internos, anteriormente demonstrados, que marcaram os anos finais do Programa, na década de 1990).

---

[636] SMITH, Paul H. Ibidem.
[637] Tradução livre para: "The reviewers were given less than two months to examine the results of a quarter-century of research. This was an impossible task, so the volume of material was reduced in two ways: Only ten of the hundreds of remote viewing and other psi scientific experiments would be reviewed. And none of the thousands of remote viewing intelligence sessions prior to 1994 were to even be considered." SMITH, Paul H. Ibidem. p. 525.
[638] Tradução livre para: "(...) demorialized (...)". p. 526.

## 4.4. O FECHAMENTO DO PROGRAMA

O trabalho de revisão ficou a cargo da empresa *American Institutes of Research* (AIR), que empregou dois cientistas para guiarem as pesquisas. A primeira pesquisadora foi a Doutora Jessica Uts, que deu parecer final confirmando a utilidade da Visão Remota. Ela afirmou textualmente no documento final da AIR[639]:

> "Usando os padrões aplicados em qualquer outra área da ciência, conclui-se que o funcionamento psíquico tem sido bem estabelecido. Os resultados estatísticos dos estudos examinados são muito superiores àqueles esperados para o mero acaso. Argumentos de que esses resultados se devem a falhas metodológicas nos experimentos são claramente refutados. Efeitos similares em magnitude àqueles encontrados na pesquisa governamental na SRI e SAIC foram replicados em numerosos laboratórios em todo o mundo. Tal consistência não pode ser imediatamente explicada por alegações de erros ou fraude."[640] [Tradução livre]

---

[639] UTTS, Jessica. **An Assessment of the Evidence for Psychic Functioning.** Disponível em: < https://www.cia.gov/library/readingroom/docs/CIA-RDP96-00791R000200070001-9.pdf>. Acesso em 16 de março de 2018.
[640] Tradução livre para: "Using the standards applied to any other area of science, it is concluded that psychic functioning has been well established. The statistical results of the studies examined are far beyond what is expected by chance. Arguments that these results could be due to methodological flaws in the experiments are soundly refuted. Effects of similar magnitude to those found in

O outro revisor foi o Doutor Ray Hyman, que, como visto no capítulo sobre Parapsicologia, desde 1982 já atuava contrariamente ao programa de Visão Remota e contra a Parapsicologia como um todo, como constatado em trecho anterior deste trabalho que fala sobre *debunkers*. A avaliação dele, a despeito de textualmente confirmar o argumento acima, de Utts, e dizer que "os experimentos da SAIC foram bem desenhados e os investigadores esforçaram-se para eliminar qualquer fraqueza de pesquisas parapsicológicas anteriores"[641] [Tradução livre], assim como dizer que não pôde "(...) oferecer exemplos válidos para quais falhas, se houve alguma, estiveram presentes"[642] [Tradução livre], indicou a finalização das pesquisas e rejeitou as evidências.[643]

---

governmentsponsored research at SRI and SAIC have been replicated at a number of laboratories across the world. Such consistency cannot be readily explained by claims of flaws or fraud." Idem.

[641] Tradução livre para: "The SAIC experiments are well-designed and the investigators have taken pains to eliminate the known weaknesses in previous parapsychological research." HYMAN, Ray. **Evaluation of Program on Anomalous Mental Phenomena.** Disponível em: < http://www.ics.uci.edu/~jutts/hyman.html>. Acesso em 16 de março de 2018.

[642] Tradução livre para: "I cannot provide suitable candidates for what flaws, if any, might be present." Idem.

[643] SMITH, Paul H. Ibidem.

Seguindo a recomendação de Hyman e seu argumento de que jamais as informações providas por meio de Visão Remota tiveram utilidade prática para a atividade de Inteligência ("'em nenhum caso as informações providas foram usadas para guiar operações de inteligência. Assim, a Visão Remota fracassou na produção de inteligência acionável.'"[644] [Tradução livre]), a CIA fechou o programa.[645]

## 4.5. A PUBLICIZAÇÃO DO PROGRAMA DE VISÃO REMOTA PELA CIA

A primeira grande história sobre a Visão Remota na década de 1990 veio por meio de reportagem do jornal inglês *The Independent*[646], datada de 26 de agosto de 1995 e escrita por Jim Schnabel. Em 28 de novembro de 1995, as Informações sobre Visão Remota são confirmadas no programa de televisão *Nightline*[647], com a participação de ex-Diretor da CIA,

---

[644] Tradução livre para: "'in no case had the information provided ever been used to guide intelligence operations. Thus, remote viewing failed to produce actionable intelligence.'" Ibidem. p. 526.
[645] Ibidem.
[646] SCHNABEL, Jim. **Tinker, Tailor, Soldier, Psi.** Disponível em < https://www.independent.co.uk/arts-entertainment/tinker-tailor-soldier-psi-1598203.html>. Acesso em: 19 de março de 2018.
[647] **Radio Tv Reports: Transcript.** Disponível em: < https://www.cia.gov/library/readingroom/docs/CIA-RDP99-01448R000402140001-7.pdf>. Acesso em: 19 de março de 1998.

Dale Graff, Edwin C. May, Joseph McMoneagle, Jessica Utts (que produziu o relatório anteriormente citado) e outros.[648] Em 4 de dezembro de 1995, reportagem do *Washington Post*[649] abordaria o assunto em entrevista com McMoneagle. Em 1996, David Morehouse publicaria seu livro *Psychic Warrior*[650], contando a história de sua vida e do programa de Visão Remota.[651] Em 1998, Ingo Swann publicou o livro *Penetration: The Question of Extraterrestrial and Human Telepathy*[652] onde fala explicitamente sobre Visão Remota e como ela se relaciona com alienígenas (Ingo fala sobre ter sido cooptado por agentes de Inteligência de organização não nominada e ter sido exposto a contato com Objeto Voador Não Identificado, assim como ter feito visualização remota da Lua e lá ter encontrado estruturas e vida inteligente).[653]

---

[648] MARRS, Jim. Ibidem.

[649] WEEKS, Linton. **Up Close & Personal With A Remote Viewer.** Disponível em: <https://www.washingtonpost.com/archive/lifestyle/1995/12/04/up-close-personal-with-a-remote-viewer/a0c28792-d7de-4b59-9510-9a73fb23a732/?utm_term=.54f66dcb23a9>. Acesso em: 19 de março de 1995.

[650] MOREHOUSE, David Allen. Ibidem.

[651] MARRS, Jim. Opus Citatum.

[652] SWANN, Ingo. **Penetration: the question of extraterrestrial and human telepathy.** Ibidem.

[653] Ibidem.

Porém, ainda em relação a Ingo Swann, é possível afirmar que o criador da Visão Remota já havia divulgado, de forma literária, como mera ficção, os segredos do assunto no ano de 1978, quando publicou o livro *"Star Fire: Someday the Human Mind Will be The Ultimate Weapon. Someday is Here..."*[654], que conta a estória de um telepata que, usando a mente, desliga satélites de grandes potências e coloca os governantes mundiais em situação desesperadora.

Em janeiro de 2017, foram tornados disponíveis pela internet documentos já pessoalmente acessíveis, desde o ano 2000, via "Arquivo Nacional"[655] [Tradução livre] dos EUA.[656] O pedido inicial de desclassificação de documento específico (que vinculava a SRI à CIA, ligação até então oculta) partiu de Russerl Targ em 1994, respondido pela CIA em agosto de 1995.[657]

---

[654] SWANN, Ingo. **Star fire: someday the human mind will be the ultimate weapon. Someday is here...** Nova York: Dell Pub. Co., 1978.

[655] Tradução livre para: "National Achives". DUNN, Matthew. **12 million pages of declassified CIA files now online.** Disponível em: <http://www.news.com.au/technology/science/12-million-pages-of-declassified-cia-files-are-now-available-online-for-everyone-to-view/news-story/dec42351b61b6c5cebdd737064c61672>. Acesso em 19 de março de 2018..

[656] Ibidem.

[657] **Russell Targ - Remote Viewing - Psi - Psychic - Parapsychology Research and Information.** Disponível em: <

Ainda em maio de 1995, documento da CIA já mostrava a inclinação nesse sentido, por meio de ordem do Congresso para tornar públicos os documentos.[658]

## 4.6. COMPREENDENDO AS PRÁTICAS DE VISÃO REMOTA

Como foi visto anteriormente, existiram diferentes formas de realizar visões remotas dentro do âmbito das pesquisas e práticas militares e civis patrocinadas pelo governo dos EUA. Assim, este subcapítulo tem por objetivo buscar o entendimento das principais metodologias aplicadas no dia-a-dia dos visualizadores remotos civis e militares.

Este trecho informativo é diferente do foco central desta pesquisa, porém, ao basear-se não em documentos oficiais submetidos a um método de pesquisa ainda a ser apresentado, mas pela

---

http://www.espresearch.com/espgeneral/cia.shtml>. Acesso em 19 de março de 2018.

[658] **Proposed Declassification of SRI's Association With CIA: Remote Viewing Investigations.** Disponível em: <https://www.cia.gov/library/readingroom/docs/CIA-RDP96-00791R000200030004-0.pdf>. Acesso em 19 de março de 2018.

observação dos relatos presentes nos livros publicados pelos envolvidos no processo.

Tais métodos sofriam inúmeras variações na prática, dependendo do visualizador, da pessoa que guiava a sessão ou da situação. São persistentes os relatos onde visualizadores militares adotavam variações a fim de adaptarem-se a alvos de distintas características e níveis de dificuldade ou urgência.

### 4.6.1. Protocolo *Double-Blind*

Como os métodos a seguir surgiram em ambiente científico, eles compartilham da preocupação de torná-los pouco sujeitos a fraudes. Dessa forma, uma característica comum, mesmo que tenha passado por variações em direção a maior rigor, é a existência de protocolo *"double-blind"*[659] (duplamente cego, em tradução livre).

O protocolo *double-blind* indica que nem os visualizadores remotos, nem o cientista encarregado (ou *tasker* – termo muito utilizado no âmbito militar da Visão Remota e sem tradução direta, mas entendido como aquele que gerencia/guia uma sessão de Visão

---

[659] TARG, Russel; PUTHOFF, Harold E. Ibidem. Localização 875.

Remota) podiam saber qual era o alvo da visualização. Essa informação era provida apenas após o final do procedimento (por meio da abertura de envelope lacrado).[660]

Ao longo dos anos de pesquisa, buscou-se eliminar influências sutis dos cientistas/*taskers* sobre os visualizadores (como tons de voz, micro-movimentos corporais ou até mesmo transferência telepática – quando um *remote viewer* lê a mente de alguém que conhece o alvo, mas não extrai informações diretamente do alvo-, conhecida como "*telepathic-overlay*"[661]). Por isso, eles deveriam guiar as sessões sem saberem qual o resultado ideal a ser atingido. No âmbito da SRI e dentre os militares, os alvos eram escolhidos e lacrados por agentes distantes, que enviavam os pacotes de alvos para serem mantidos em cofres e acessíveis apenas no momento das sessões. As informações do alvo permaneciam lacradas em envelope até o fim da sessão.[662]

---

[660] BUCHANAN, Lyn. Ibidem.
[661] Ibidem. p. 137.
[662] Ibidem.

Note-se que os militares muitas vezes, por motivos práticos, violavam os protocolos científicos *double-blind*, adotando práticas como: informar aos visualizadores o que deveriam ver (como no caso dos reféns na embaixada estadunidense no Irã; ou quando tinham como missão explícita encontrar drogas em navios). Diversas outras práticas militares podem ser consideradas pouco ou nada científicas quando se trata de Visão Remota. Em alguns casos, os visualizadores recebiam informações excessivas que alegadamente prejudicavam a sessão. A repetição de sessões com o mesmo alvo (como no caso do sequestro no Irã, que levou a semanas seguidas de sessões) também gerava estresse e erros. [663] [664] [665]

## 4.6.2. Métodos utilizados ou criados por Ingo Swann

Como visto anteriormente, o método desenvolvido por Ingo Swann evoluiu ao longo do tempo, mesmo antes de fazer parte das pesquisas na SRI. Assim, podemos dividi-lo em: a) modelo Osis; b)

---

[663] Ibidem.

[664] SMITH, Paul H. Ibidem.

[665] DAMES, Edward A. **Tell me what you see: remote viewing cases from world's premier psychic spy.** Nova Jersey: John Wiley & Sons, 2011.

modelo Janet; c) modelo *beacon/outbound*; d) modelo de coordenadas (*"Co-ordinated Remote Viewing"* [666]) . As denominações "modelo Osis" e "modelo Janet" foram escolhidas pelo autor deste trabalho para melhor organizar o entendimento.

4.6.2.1. Modelo Osis

Explicação baseada nos relatos de Ingo Swann no documento *Remote Viewing the Real Story: An Autobiographical Memoir* [667]: havia uma cesta suspensa há dois pés de distância do teto (contendo o alvo, que era para lá levado por meio de escada), abaixo ficava o visualizador, em uma cadeira. O observador ficava conectado a eletrodos que iam até uma sala ao lado, onde ficava o equipamento de registro de ondas cerebrais.[668]

Este modelo iniciou-se baseado em relatos verbais do visualizador, mas passou, por influência de

---

[666] SMITH, Daz. **CRV – Controlled Remote Viewing: manuals, collected papers & information to help you learn this intuitive art.** EUA: Daz Smith, 2014. [Versão Kindle]. p. 7.
[667] SWANN, Ingo. **Remote Viewing the Real Story: An Autobiographical Memoir.** Disponível em: < https://archive.org/stream/IngoSwannmemoir/RemoteViewingThe RealStorymemoirByIngoSwann_djvu.txt>. Acesso em: 22 de junho de 2017.
[668] Ibidem.

Swann, a contar com desenhos. Esses relatos eram julgados por um analista independente, que comparava os desenhos e relatos verbais às informações oficias sobre o alvo.[669]

Futuramente, esse modelo envolveria complexas projeções de luz, com objetivo de saber se havia um ângulo adequado para a visualização (ou seja: se o observador remoto estava fora de seu corpo observando a partir de determinado local ou se tinha a consciência do alvo de forma independente de seu posicionamento, por meio de clarividência ou outro efeito paranormal).[670]

### 4.6.2.2. Modelo Janet

Explicação baseada nos relatos de Ingo Swann no documento (anteriormente citado) _Remote Viewing the Real Story: An Autobiographical Memoir_ [671]: envelopes selados continham o nome de uma cidade grande nos Estados Unidos e o telefone de contato do serviço meteorológico local. O visualizador deveria descobrir a condição climática naquele exato momento

---

[669] Ibidem.
[670] Ibidem.
[671] Ibidem.

naquela cidade desconhecida. Após a realização da sessão, o envelope seria aberto e o serviço meteorológico seria contatado para confirmar ou negar o resultado obtido anteriormente.[672]

Os experimentos ocorriam nos mesmos dias, mas em períodos distintos daqueles do "modelo Osis", utilizando, porém, o mesmo local e os mesmos equipamentos de medição de atividade cerebral. Ingo relata, por exemplo, que ao terminar um experimento pelo "modelo Osis", imediatamente mudava o procedimento para o "modelo Janet", ainda conectado aos fios que mediam suas ondas cerebrais.[673]

### 4.6.2.3. Modelo *beacon/outbunder*

Explicação baseada nos relatos de Ingo Swann no documento (anteriormente citado) *Remote Viewing the Real Story: An Autobiographical Memoir* [674], assim como dos relatos presentes em diversas outras fontes, dentre as quais o livro *Mind-Reach: scientists look at psychic abilities*[675], dos pesquisadores Russel Targ e Harold Puthoff.

---

[672] Ibidem.
[673] Ibidem.
[674] Ibidem.
[675] TARG, Russel; PUTHOFF, Harold E. Ibidem.

O visualizador permanecia em laboratório enquanto os cientistas locomoviam-se para local indeterminado. O visualizador deveria, em determinado horário predeterminado, perceber o ambiente em que se encontravam os cientistas e relatar, oralmente, por escrito ou por meio de desenhos, o que percebia. No retorno dos cientistas, as notas eram verificadas para confirmarem ou negarem as percepções sobre o local remoto.[676]

Este modelo seria utilizado pela SRI, já sob influência da CIA, com permanentes variações, normalmente inseridas devido às críticas de outros cientistas que presenciam os experimentos e com objetivo de tornar mais rigorosos os parâmetros científicos do processo. Outras mudanças (como no caso Hella Hamid, já citado) surgiram para para adaptar os procedimentos às habilidades parapsicológicas diferentes de alguns visualizadores mais habilidosos.[677]

---

[676] Ibidem.
[677] Ibidem.

### 4.6.2.4. Modelo CRV (*Co-ordinate Remote Viewing*)

Este modelo foi desenvolvido por Ingo Swann para a CIA, sob o âmbito da SRI, em 1983. Como Ingo Swann demorou muitos anos para apresentar o documento final que tinha como finalidade o ensino propriamente dito (e não uma constatação em sentido amplo do progresso do treinamento de visualizadores), diferentes versões foram criadas por seus alunos, como a versão de Paul H. Smith[678], utilizada pelos militares em treinamentos. Todas representam o mesmo modelo, com pequenas variações e melhorias ao longo do tempo. Note-se que é possível afirmar que Ingo foi desligado dos projetos de Visão Remota devido exatamente à demora em entregar documentos para os militares.[679]

Este modelo é muito citado na literatura que envolve os visualizadores militares. As fontes são diversas, mas aqui utiliza-se o livro *CRV – Controlled Remote Viewing: Manuals, collected papers & information to help you learn this intuitive art* [680],

---

[678] SMITH, Paul H. Ibidem.
[679] Ibidem.
[680] SMITH, Daz. **CRV – Controlled Remote Viewing: manuals, collected papers & information to help you learn this intuitive art.** Opus citatum.

organizado por um dos ex-alunos de Ingo Swann, mas sem participação dentro do âmbito do Projeto Stargate: Daz Smith. Os mesmos documentos deste trecho encontram-se no banco de dados da CIA[681].

O ponto que caracteriza o modelo é a utilização de coordenadas geográficas para a designação dos alvos. O modelo é composto por seis estágios, que devem ser treinados individualmente até um nível adequado de performance permitir a evolução para o próximo. Os estágios são:

Estágio I – Criação de ideogramas. São rabiscos repletos de significado psíquico (*"gestalts"*[682]). O visualizador deve desenhar o ideograma (por meio de movimento inconsciente das mãos, como em um caso de psicografia) após a coordenada do alvo ser recebida. Posteriormente, o visualizador deve interpretar o ideograma desenhado com base em um dicionário pessoal criado anteriormente.[683]

---

[681] **Co-Ordinate Remote Viewing (Crv) Technology: 1981-1983 – Three Year Project.** Disponível em: < https://www.cia.gov/library/readingroom/docs/CIA-RDP96-00788R001800100001-2.pdf>. Acesso em 20 de março de 2018.
[682] SMITH, DAZ. Opus Citatum. p. 40.
[683] Ibidem.

Estágio II – O visualizador deve relatar sensações percebidas por meio dos diferentes sentidos: táteis, palatáveis, olfativas, auditivas, visuais. Também deve dizer o que percebe em relação a sensações de movimento, sentimentos e outras possíveis formas de percepção. Cada informação é recebida e guardada de forma independente, sem a interpretação sobre o que significam em conjunto.[684]

Estágio III – Etapa em que o visualizador deve desenhar o que percebe, combinando as percepções anteriores em uma imagem mais ampliada do ambiente.

Estágio IV – Primeiro momento em que o visualizador deve começar a analisar o que percebeu até então, dando um sentido lógico ao que foi observado. Por exemplo: definir o local como sendo uma instalação militar, uma escola, um hospital etc.[685]

Estágio V – Nesta parte, os visualizadores devem dar um sentido lógico amplo, uma finalidade ao local observado. Esta parte permite descobrir o que está sendo feito no local, qual o objetivo daquilo que é

---

[684] Ibidem.
[685] Ibidem.

observado, qual a intensão dos envolvidos em tais atividades. [686]

Estágio VI – Aqui, o visualizador deve criar um modelo em argila daquilo que visualizou. Outros materiais podem ser utilizados, mas o objetivo é criar uma representação tridimensional do que foi observado. [687]

### 4.6.2.4.1. Modificações

Modificações surgiriam ao longo dos anos, principalmente causadas pela desconfiança no uso de coordenadas geográficas. Acreditava-se que era possível ao visualizador decorar (por má-fé ou por experiência) o significado de cada conjunto de número das coordenadas geográficas e, por mero uso da memória, identificar onde se localizavam de forma imediata. Assim, Puthoff e outros utilizadores do modelo passaram a usar números sem qualquer significado especial em lugar das coordenadas geográficas. Puthoff criaria alvos que tinham

---

[686] Ibidem.
[687] Ibidem.

coordenadas (ainda denominadas da mesma forma, mas substancialmente diferentes) como: B-7.[688]

### 4.6.3. Modelo ARV

O modelo ARV (*"Associative Remote Viewing"*[689]) foi desenvolvido pela SRI para pesquisa de interesse da Marinha dos EUA sobre transmissão mental de informação para submarinos. Submersos, os submarinos tinham problemas em receber alterações nos cronogramas de quando deveriam emergir para captar mensagens de rádio. Assim, a aproximação entre membros da SRI e empresa que possuía submarino permitiram a realização de testes diversos nesse sentido. Como o envio de mensagens seria limitado a poucas palavras (comandos como "venha à superfície para receber mensagem de rádio"[690]), desenvolveu-se o modelo ARV - *Associative Remote Viewing* (ou: Visão Remota associativa, em tradução livre).[691]

---

[688] SCHNABEL, Jim. **Remote viewers: the secret history of america's psychic spies.** Ibidem.
[689] SMITH, Paul H. Ibidem. p. 88.
[690] Tradução livre para: "(...) surface for radio contact". Idem.
[691] Ibidem.

Os utilizadores, de forma recreativa, também utilizaram com objetivos pragmáticos: obter ganhos em loterias ou no mercado financeiro. Foi resposta aos de desafios de céticos que buscavam duvidar da capacidade sobrenatural dos resultados afirmando que de nada valeriam se não eram utilizados pelos próprios envolvidos para tornarem-se ricos.[692]

Via de regra, baseia-se na realização de sessão de Visão Remota com dois alvos predefinidos de qualquer espécie: como uma maçã e uma banana. Previamente, cada item é associado a um resultado binário (certo ou errado; verdadeiro ou falso; subir ou descer; investir ou não investir; comprar ou vender, etc.) e o visualizador deve receber como alvo um cenário que gere um dúvida também binária, como: "devo comprar dólares no mercado futuro na quarta-feira?". A sessão é realizada e o resultado deverá ser um dos dois itens anteriormente escolhidos. O item visualizado é entendido como indicação de como se deve agir.

---

[692] BUCHANAN, Lyn. Ibidem.

### 4.6.4. Modelo ERV

O modelo *"Extended Remote Viewing"*[693] foi desenvolvido por McMoneagle tendo como foco o grande peso das capacidades paranormais do visualizador. Esse visualizar é defensor da percepção de que a Visão Remota não é para todos, mas para pessoas especiais, com habilidades paranormais superiores. Desse modo, é um modelo composto por procedimentos mais próximos do misticismo.[694]

*Extended Remote Viewing* (Visão Remota estendida, em tradução livre) é uma modificação do modelo CRV. A principal diferença é o uso de estados alterados da mente durante o processo, que aumentariam a efetividade da visualização.[695] De acordo com McMoneagle:

> "Os visualizadores (...) desenvolviam seus próprios métodos de foco ou meditação, que, por sua vez, induziam a um muito efetivo estado alterado de consciência autoimposto. Esse estado alterado permitia a dissociação do meio-ambiente imediato e a livre associação com o meio-ambiente do alvo e

---

[693] MCMONEAGLE, Joseph. **Remote Viewing secrets: a handbook**. EUA: Crossroad Press, 2013. [Versão Kindle] Localização 505.
[694] Ibidem.
[695] Ibidem.

daqueles eventos, que seriam então reportados."[696]

McMoneagle afirma que existiam adversários do modelo, especialmente dentre os burocratas que precisavam "vender a ideia"[697] para os patrocinadores de governo, como o Congresso dos EUA. Como a tendência à paranormalidade nesse caso era muito mais perceptível, existia claro desconforto na hora de negociar com tais entidades financiadoras.[698]

O modelo funciona da seguinte forma: o meditador utilizava qualquer modelo desejável para atingir um estado diferenciado de consciência em um momento conhecido como *"cool down"*[699] (ou resfriamento, em tradução livre, que pode envolver da meditação até o uso de músicas do estilo *"heavy metal"*[700], como fazia Paul H. Smith); em seguida, passa a perceber o ambiente em suas diferentes categorias sensoriais (sons, cores, formas,

---

[696] Tradução livre para: "Viewers (...) developing their own means of focus or meditation, which in turn induced a very effective self-imposed altered state. This altered state allowed total disassociation from the immediate surroundings and free association with the target's surroundings and events, which were then reported on." Ibidem. Localização 1445.
[697] Tradução livre para: "'sell the idea'". Ibidem. Localização 1449.
[698] Ibidem.
[699] SMITH, Paul H. Ibidem. p. 133.
[700] Ibidem. p. 298.

temperaturas), dimensionalidade e sentimentos. A percepção sobre as finalidades (o que é e para quê) viria naturalmente. Para McMoneagle, qualquer pessoa poderia entender e realizar o processo, a diferença seria a qualidade: baixa e "não confiável"[701] no caso de pessoas não dotadas de habilidade paranormal.[702]

### 4.6.5. Modelo do Instituto Monroe

Todos os militares *remote viewers* (assim como outros funcionários do INSCOM no período do general Stubblebine) passaram pelo *Instituto Monroe* em sua fase de treinamento, desde o ano de 1977.[703]

Tal instituto desenvolvia um tipo de *workshop*, com duração de alguns dias seguidos, onde os participantes buscavam atingir experiência fora do corpo (OBE). O modelo utilizado era o de palestras e também ouvir, diversas vezes ao dia, em um cubículo especialmente desenvolvido para isso, as programações de áudio gravadas que utilizavam o

---

[701] Tradução livre para: "(...) won't be very dependable". MCMONEAGLE, Joseph. Ibidem. Localização 2788.
[702] Ibidem.
[703] SMITH, Paul H. Ibidem.

modelo chamado "Hemi-Sync"[704], criado por Monroe. Por meio do uso de fones de ouvido, os áudios Hemi-Sync geram frequências distintas em cada hemisfério cerebral, fazendo com que o cérebro module uma terceira frequência, que harmoniza as ondas cerebrais entre os dois hemisférios, causando um estado alterado de consciência favorável à OBE. [705]

Inicialmente, os militares participavam de forma sigilosa dos programas do Instituto, particularmente o denominado *"Gateway"*[706]. A partir do ano de 1983, foi desenvolvido um programa especial para eles, chamado RAPT – *"Rapid Aquisition Personal Training"*[707] (em tradução livre: Treinamento Pessoal de Aquisição Rápida). Na prática, o modelo Monroe também era utilizado como forma de *cool down* dentro da metodologia ERV.[708] [709]

---

[704] Ibidem. p. 145.
[705] Ibidem.
[706] Ibidem. p. 145.
[707] Ibidem. p. 146.
[708] Ibidem.
[709] MCMONEAGLE, Joseph. **Remote Viewing secrets: a handbook.** Ibidem.

### 4.6.6. Outros Modelos de Visão Remota

Joseph McMoneagle traz lista de modelos alternativos de percepção paranormal ou de alvos diferenciados que foram utilizados em âmbito oficial com fins práticos, científicos, movidos pela curiosidade ou diversão.[710] Tais modelo foram:

- **Influência Remota:** modelo desenvolvido por Lyn Buchanan e mantido em sigilo em seus detalhes. Trata-se de modificação onde é feita influência sobre os pensamentos e desejos de alvos remotos. Buchanan afirma ter usado tal método para tentar influenciar Gorbachev a derrubar o modelo socialista na União Soviética.[711]

- **Assassinato remoto:** método não diretamente ligado ao âmbito da Visão Remota, mas ocorrido no mesmo período, tendo recebido influência do general Stubblebine, sob o âmbito do

---

[710] Ibidem.
[711] BUCHANAN, Lyn. Ibidem.

chamado *"First Earth Battalion"*[712] (Primeiro Batalhão Terra, em Tradução livre), criado com o objetivo de gerar "guerreiros Jedi"[713] (que utilizariam o poder da mente em combate) para o exército dos EUA. Foi retratado no filme de comédia <u>Os Homens que Encaravam Cabras</u>[714], baseado no livro do jornalista Jon Ronson.

- **Dowsing**: prática paranormal antiga que, em conjunto com Visão Remota, envolve o uso de peso suspenso por corda/fio sobre mapa com objetivo de apontar o local onde o alvo desejado está;[715]

- **Cura a partir de informações obtidas por meio de Visão Remota**: o visualizador observa um paciente

---

[712] RONSON, Jon. **The men who stared at goats.** Londres: Picador, 2009. [Versão Kindle] Localização 327.

[713] Tradução livre para: "(...) Jedi Warrior." Ibidem. Localização 175.

[714] **Os Homens que Encaravam Cabras.** Direção: Grant Heslov. Produção: George Clooney, Grant Heslov, Paul Lister. Provedor: Sony Pictures Movies & Shows, 2010. EUA, 2010. Disponível em: < https://www.youtube.com/watch?v=-UWn9sfrNhc>. Acesso em: 26 de março de 2018.

[715] MCMONEAGLE, Joseph. **Remote Viewing secrets: a handbook.** Ibidem.

desconhecido em busca de problemas de saúde;[716]

- **Percepção de partículas subatômicas**: o visualizador observa alvo em tamanho diminuto (como o interior de raios laseres), buscando entender seu funcionamento;[717]

- **Alvos exóticos com *feedback*[718]**: tratam-se de alvos confirmados onde o visualizador pode comparar seus percepções e conclusões com a realidade concreta do alvo e avaliar até que ponto acertou ou errou. Um dos mais conhecidos (e que deu maior credibilidade aos esforços logo no início do Projeto) foi a visualização, por Ingo Swann, de anéis em Júpiter meses antes deles serem vistos pela primeira vez por meio da sonda *Pioneer 10*. A sessão foi realizada no dia 27 de abril de 1973.[719]

---

[716] Ibidem.
[717] Ibidem.
[718] Ibidem. Localização 456.
[719] TARG, Russel; PUTHOFF, Harold E. Ibidem.

Tais informações estão registradas em documento da CIA.[720]

- **Alvos exóticos sem *feedback***: tratam-se de alvos envolvendo pessoas, locais ou objetos impossíveis de serem confirmados com o uso da tecnologia atualmente conhecida. Como: "Jesus"[721]; vida inteligente em Marte um milhão de anos a.C.;[722] observação de objetos voadores não identificados (Óvnis);[723] e espíritos.[724] Outro exemplo está em Ingo Swann, quando relata ter visto vida inteligente e construções complexas na Lua.[725]

---

[720] SHERMAN, Harold.; SWANN, Ingo. **An Experimental Psychic Probe of the Planet Jupiter.** Disponível em: < https://www.cia.gov/library/readingroom/docs/NSA-RDP96X00790R000100040010-3.pdf>. Acesso em 26 de março de 2018.

[721] BUCHANAN, Lyn. Ibidem. p. 154.

[722] **Mars Exploration.** Disponível em: < https://www.cia.gov/library/readingroom/docs/CIA-RDP96-00788R001900760001-9.pdf>. Acesso em 26 de março de 2018.

[723] BUCHANAN, Lyn. Ibidem.

[724] MOREHOUSE, David Allen. Ibidem.

[725] SWANN, Ingo. **Penetration: the question of extraterrestrial and human telepathy.** Ibidem.

- **Modelos considerados "exóticos"[726]** [Tradução livre]: uso de cartas de tarô; canalização de espíritos; escrita automática; *scrying*[727], que é, em termos mais populares, o uso de bolas de cristal ou outras substâncias/superfícies reflexivas que sirvam de tela para visões remotas.[728]

## 4.8. TERMOS-CHAVE

Abaixo, estão listados os termos de maior relevância para a compreensão da prática da Visão Remota e de importância para este estudo. Tais termos são utilizados em diferentes modelos (especialmente CRV e ERV), tendo sido cunhados, em sua maioria, por Ingo Swann.[729]

- **"Alvo"[730]** [Tradução livre]: "O local, a pessoa, o objeto, ou evento, localizado em algum ponto específico no

---

[726] Tradução livre para "Exotic (...)". MCMONEAGLE, Joseph. **Remote Viewing secrets: a handbook.** Ibidem. Localização 972.
[727] Idem.
[728] Ibidem.
[729] SMITH, Paul H. Ibidem.
[730] Tradução livre para: "Target". MCMONEAGLE, Joseph. **Remote Viewing secrets: a handbook.** Ibidem. Localização 67.

espaço/tempo, sobre o qual o visualizador remoto deseja ter informações."[731]

- ***"Analytic Overlay"***[732]: traduzida livremente como "sobreposição analítica", indica a transformação de impressões limitadas em amplas ou completas interpretações. É visto como um problema sério e algo que deve ser evitado durante as sessões por impedir a tomada confiável das informações percebidas. Exemplo: o visualizar percebe a cor alaranjada em um formato redondo e afirma, de pronto, tratar-se de uma laranja. A informação real pode ser essa ou outra de diferente natureza. *Analytic overlays* são evitados por meio de procedimentos protocolares (como local específico para serem escritos em folha de papel e retirados da atenção do

---

[731] Tradução livre para: "The place, person, object, or event, located somewhere specifically within space/time, which the remote viewer is attempting to provide information on." Ibidem. Localização 359,6.
[732] Ibidem. Localização 2959.

visualizador, que deve então voltar a perceber sem interpretar)[733] e com treinamentos de atenção e foco;[734]

- ***"Aperture"***[735]: na metodologia CRV, existe a percepção de que as informações sobre o alvo chegam, a cada estágio, de forma mais e mais detalhada. No estágio 1, as informações sobre o alvo chegam como percepções amplas sobre o ambiente (montanha, água, superfície plana de terra, construções feitas pelo homem, etc.) e conforme os estágios vão avançando, mais e mais detalhes pequenos sobre o alvo são percebidos;[736] [737]

- ***"Bilocação"***[738] *[Tradução livre]*: ocorre quando o visualizador remoto perde a

---

[733] MOREHOUSE, David Allen. **Remote Viewing: the complete user's manual for coordinate Remote Viewing.** Boulder: Sounds True, 2008.
[734] Ibidem.
[735] MCMONEAGLE, Joseph. Ibidem. Localização 2894.
[736] Ibidem.
[737] SMITH, Daz. **CRV – Controlled Remote Viewing: manuals, collected papers & information to help you learn this intuitive art.** Ibidem.
[738] Tradução livre para: "bilocation". SMITH, Paul. H. Ibidem. p. 271.

noção de onde está e passa a viver como realidade plena o ambiente onde encontra-se o alvo (ou as emoções do sujeito alvo). Nesse caso, ele precisa ser trazido de volta à realidade local por meio da intervenção do *tasker*. Trata-se de benefício parcial à sessão, pois permite percepção profunda do alvo, mas pode causar acidentes graves (físicos e mentais), como relatado por diversos *remote viewers*. [739] [740] [741]

- ***"Cool down"***[742]: processo de relaxamento que pode levar até trinta minutos e que é realizado, via de regra, em ambiente silencioso.[743] Paul H. Smith, porém, realizava seu *cool down* ouvindo rock pesado.[744] É o período apropriado para práticas meditativas antes da sessão;

---

[739] Ibidem.
[740] BUCHANAN, Lyn. Ibidem.
[741] SMITH, Daz. Opus citatum.
[742] MOREHOUSE, David Allen. **Remote Viewing: the complete user's manual for coordinate Remote Viewing.** Ibidem. P. 109.
[743] Ibidem.
[744] SMITH, Paul. H. Ibidem.

- ***"Gestalt"***[745]: percepção de informações mais grosseiras e amplas sobre o alvo, sem detalhamento de pequenas características. Serve de primeira impressão para o visualizador, mas deve ser aprofundada para uma determinação precisa das características daquilo que é percebido;[746]

- ***"Ideogram"***[747]: ideograma (em tradução livre) é um desenho feito no início da sessão (a partir de movimentos livres e inconscientes da mão) com o objetivo de obter a uma Gestalt do alvo;[748]

- **"Meditação"**[749] [Tradução livre]: compreendida por Joseph McMoneagle como: "contemplação mental ou reflexão com propósito determinado ou resultado esperado"[750];

---

[745] MCMONEAGLE, Joseph. **Remote Viewing secrets: a handbook.** Ibidem. Localização293.
[746] Ibidem.
[747] Ibidem. Localização 2920.
[748] Ibidem.
[749] Tradução livre para: "Meditation". Ibidem. Localização 2922.
[750] Tradução livre para: "Mental contemplation or reflection with an intended purpose or expected outcome." Idem.

- **"Protocolo"**[751] [Tradução livre]: procedimento a ser seguido e exposto em plano detalhado;[752]

- **"Ruído"**[753] [Tradução livre]: diferentes formas de interferência externa (barulhos e desconforto físico, por exemplo) ou interna (pensamentos, preocupações e memórias, por exemplo) que distorcem a percepção do visualizador sobre o alvo. Os diferentes tipos e técnicas de Visão Remota têm como principal desafio a eliminação de tais ruídos;[754] [755]

- ***"Signal line"***[756] *(linha de sinal, em tradução livre)*: entendido como conexão mental entre o alvo e o visualizador remoto. É termo utilizado para designar se um *remote viewer* está ou não em

---

[751] Tradução livre para: "Protocol". Ibidem. Localização 1064.
[752] Ibidem.
[753] Tradução livre para: "Noise". Ibidem 804.
[754] Ibidem.
[755] SMITH, Paul H. In: SMITH, Daz. **Remote viewing dialogues: psychic spy veterans of the 23 year military & intel remote viewing programs share their experiences and expertise.** Ibidem.
[756] MCMONEAGLE, Joseph. **Remote Viewing secrets: a handbook.** Ibidem. Localização 2954.

contato com o alvo e tendo acesso às informações sobre ele;

## 4.9. COMO A VISÃO REMOTA FUNCIONA?

O mecanismo de funcionamento da Visão Remota é desconhecido e os envolvidos não chegam a uma conclusão final sobre esse tema. Apesar disso, existe a constatação estatística de que funciona.[757] Puthoff afirma que "por mais forçado que isso possa parecer, temos dados estatísticos excelentes de que esse fenômeno funciona em todo o planeta (...)"[758] [Tradução livre].

As teorias a respeito com maior embasamento científico firmam-se em conceitos relacionados à física quântica (em algo conhecido como "entrelaçamento quântico"[759] [Tradução livre]) e ao que Einstein classificou como *spooky action at distance*"[760] (ou, em

---

[757] TARG, Russel; PUTHOFF, Harold E. Ibidem.

[758] Tradução livre para: "As far-fetched as this may seem, we have excellent statistical data that this phenomenon works around the globe (...)".Ibidem. Localização 3311.

[759] Tradução livre para: "(...) quantum entanglement". JACOBSEN, Annie. **Phenomena: the secret history of the U.S. government's investigation into extrasensory perception and psychokinesis.** p. 119.

[760] Idem.

português: "fantasmagórica ação à distância"[761] ou "ação fantasmagórica à distância"[762]). Essa perspectiva visa entender a comunicação instantânea, já constatada, entre partículas atômicas separadas por distâncias superiores àquelas que a velocidade da luz poderia superar no mesmo espaço de tempo, de acordo com a leis físicas hoje conhecidas.[763]

## 4.10. VISÃO REMOTA NO BRASIL

Em pesquisas realizadas no dia 19 de março de 2018 nos sítios de internet do Exército[764] [765] ,

---

[761] **'Fantasmagórica Ação à Distância' de Einstein exigiria alta velocidade.** Disponível em: <https://oglobo.globo.com/sociedade/ciencia/fantasmagorica-acao-distancia-de-einstein-exigiria-alta-velocidade-3607720>. Acesso em 27 de março de 2018.
stest

[762] **Mais sobre a "ação fantasmagórica à distância" (agora, do NIST).** Disponível em: < http://scienceblogs.com.br/chivononpo/2015/11/mais-sobre-a-acao-fantasmagorica-a-distancia-agora-do-nist/>. Acesso em 27 de março de 2018.

[763] Ibidem.

[764] **Pesquisa pelo termo "visão remota" no site do Exército Brasileiro.** Disponível em: < http://www.eb.mil.br/exercito-brasileiro?p_p_id=3&p_p_lifecycle=0&p_p_state=maximized&p_p_mode=view&_3_struts_action=%2Fsearch%2Fsearch&_3_redirect=%2F&_3_keywords=%22vis%C3%A3o+remota%22&_3_groupId=0 >. Acesso em 25 de junho de 2018.

[765] **Pesquisa pelo termo "remote viewing" no site do Exército Brasileiro.** Disponível em: < http://www.eb.mil.br/exercito-brasileiro?p_p_id=3&p_p_lifecycle=0&p_p_state=maximized&p_p_mode=view&_3_struts_action=%2Fsearch%2Fsearch&_3_redi

Marinha[766] [767] e Aeronáutica[768] [769] do Brasil, assim como no sítios da Agência Brasileira de Inteligência (ABIN)[770] [771], não há qualquer menção a "Visão Remota" ou *remote viewing* (pesquisas realizadas com os termos entre aspas, com exceção do sítio da ABIN, que gera erro ao serem utilizados símbolos como "").

As cinco respostas obtidas no sítio da Aeronáutica podem ser consideradas erros no sistema de pesquisa, já que remetem a notícias como: a)

---

rect=%2F&_3_keywords=%22remote+viewing%22&_3_groupId= 0 >. Acesso em 25 de junho de 2018.

[766] **Pesquisa pelo termo "visão remota" no site da Marinha do Brasil.** Disponível em: <
https://www.marinha.mil.br/search/node/%22vis%C3%A3o%20re mota%22>. Acesso em 19 de março de 2018.

[767] **Pesquisa pelo termo "remote viewing" no site da Marinha do Brasil.** Disponível em: <
https://www.marinha.mil.br/search/node/remote%20viewing>. Acesso em 25 de junho de 2018.

[768] **Pesquisa pelo termo "visão remota" no site da Aeronáutica do Brasil.** Disponível em: <
http://www.fab.mil.br/busca>. Acesso em 19 de março de 2018.

[769] **Pesquisa pelo termo "remote viewing" no site da Aeronáutica do Brasil.** Disponível em: <
http://www.fab.mil.br/busca>. Acesso em 19 de março de 2018.

[770] **Pesquisa pelo termo "visão remota" no site da Agência Brasileira de Inteligência (ABIN).** Disponível em: <
http://www.abin.gov.br/?s="visao+remota">. Acesso em 19 de março de 2018.

[771] **Pesquisa pelo termo "remote viewing" no site da Agência Brasileira de Inteligência (ABIN)** Disponível em: <
http://www.abin.gov.br/?s="remote+viewing">. Acesso em 19 de março de 2018.

"Aeronáutica divulga concurso no Congresso Nacional de Administração"[772]; b) "HACO forma especialistas em endodontia"[773]; c) "Serviço Regional de Proteção ao Vôo de São Paulo participa de exposição"[774]; e d) "'Semana da Asa' em Natal é comemorada com concerto"[775]; e) "FAB inaugura Quartel-General da I FAE em Parnamirim"[776].

No Diário Oficial da União, em pesquisa de 1990 até 2018 (período disponível para buscas pela

---

[772] **Aeronáutica divulga concurso no Congresso Nacional de Administração.** Disponível em: < http://www.fab.mil.br/noticias/mostra/8483/CONCURSO%20-%20Aeronáutica%20divulga%20concurso%20no%20Congresso%20Nacional%20de%20Administração>. Acesso em 19 de março de 2018.

[773] **HACO forma especialistas em endodontia.** Disponível em: < http://www.fab.mil.br/noticias/mostra/1933/HACO%20forma%20especialistas%20em%20endodontia>. Acesso em 19 de março de 2018.

[774] **Serviço Regional de Proteção ao Vôo de São Paulo participa de exposição.** Disponível em: < http://www.fab.mil.br/noticias/mostra/1751/Serviço%20Regional%20de%20Proteção%20ao%20Vôo%20de%20São%20Paulo%20participa%20de%20exposição>. Acesso em 19 de março de 2018.

[775] **"Semana da Asa" em Natal é comemorada com concerto.** Disponível em: < http://www.fab.mil.br/noticias/mostra/1654/"Semana%20da%20Asa"%20em%20Natal%20é%20comemorada%20com%20concerto>. Acesso em 19 de março de 2018.

[776] **FAB inaugura Quartel-General da I FAE em Parnamirim.** Disponível em: < http://www.fab.mil.br/noticias/mostra/1439/FAB%20inaugura%20Quartel-General%20da%20I%20FAE%20em%20Parnamirim>. Acesso em 19 de março de 2018.

internet), o termo "visão remota" retorna os seguintes resultados errôneos:

1. Resultado em 1992, mas refere-se à palavra "supervisão remota".[777]

2. Outra referência a "supervisão remota" ocorre em 2010.[778]

O termo teve sua primeira inserção no sítio Wikipédia (em português - "pt") no dia 19 de junho de 2006.[779]

Não serão retiradas conclusões sobre os dados acima. Eles estão neste estudo como forma de contextualização, mas podem ser submetidos a outro estudo que vise entender se realmente não existe qualquer atividade similar em âmbito oficial no Brasil, se ela utiliza outra denominação ou se está sob sigilo.

---

[777] **Diário Oficial da União nº 15668, quinta-feira, 5 de novembro de 1992. Disponível** em: <http://pesquisa.in.gov.br/imprensa/jsp/visualiza/index.jsp?jornal =3&pagina=56&data=05/11/1992>. Acesso em 19 de março de 2018.

[778] **Diário Oficial da União nº 145, sexta-feira, 30 de julho de 2010.** Disponível em: <http://pesquisa.in.gov.br/imprensa/jsp/visualiza/index.jsp?jornal =1&pagina=103&data=30/07/2010>. Acesso em 19 de março de 2018.

[779] **Histórico de Edições de 'Visão Remota".** Disponível em: <https://pt.wikipedia.org/w/index.php?title=Vis%C3%A3o_remota &action=history>. Acesso em 20 de março de 2018.

## 5. INTRODUÇÃO À MEDITAÇÃO

Chega-se, agora, ao momento de introdução ao conteúdo que será pesquisado em meio aos documentos sobre Visão Remota. Como será visto, o tema "meditação" é por demais amplo para ser restrito a uma única vertente, forçando uma compreensão ampla que abarque diversos tipos de meditação, criadas em diferentes momentos históricos. Desse modo, os termos que serão pesquisados nos documentos oficiais da CIA buscarão abranger as mais diversas vertentes, utilizando como limites aqueles apresentados na última parte deste capítulo.

## 5.1. HISTÓRIA DA MEDITAÇÃO

Em sintonia com os demais capítulos e com o objetivo de colocar os fundamentos do tema, será apresentada, a seguir, breve observação sobre o surgimento das práticas de meditação.

### 5.1.1. Práticas Primitivas

Willard Johnson[780], na interpretação de Denise de Assis[781], afirma que a história da meditação teve início nos primeiros convívios humanos em torno de fogueiras, cerca de 80 mil anos atrás. A meditação teria surgido na concentração sobre o fogo, no esforço de manutenção da atenção em um objeto determinado. Johnson afirma que esse estado de concentração levava a uma redução da ansiedade de uma vida difícil e cheia de perigos. A caça exigiria da mente cuidado e foco semelhantes ao daquele atingido em estado meditativo. Da mesma forma, o surgimento das primeiras artes marciais seria consequência de práticas de meditação e estados de "(...) êxtase meditativo (...) [e] do esvaziamento da mente (...)"[782].[783]

A tradição do passado mais primitivo teria sido mantida nas sociedades modernas por meio de grupos asiáticos, africanos e indianos. Tribos, como os "*!Kung*

---

[780] JOHNSON, Willard. **Riding the ox home: a history of meditation from shamanism to science.** Boston: Beacon Press, 1987.
[781] ASSIS, Denise. Os Benefícios da Meditação: melhora na qualidade de vida, no controle do stress e no alcance de metas. **Revista INTERESPE**, Vol. 1, Nº 3, p. 70-80, 2013.
[782] Ibidem. p. 71.
[783] Ibidem.

*San*"[784] até os dias de hoje utilizariam práticas meditativas primitivas com objetivo de cura mental e corporal. Esse processo de cura teria como principais atores os xamãs, figuras com papel social de mestres espirituais. Foram eles que registraram, após o surgimento da escrita, esses ensinamentos tradicionais.[785]

### 5.1.2. Redescoberta Moderna

A psicologia ocidental teria ignorado por muito tempo as tradições de meditação do oriente, sendo os principais motivos a barreira linguística e as traduções que eram consideradas religiosas e sem base científica. O aspecto de desenvolvimento da saúde mental teria trazido essas práticas ao conhecimento científico ocidental, especialmente por meio dos estudos de Herbert Benson, nos anos 70 do século XX, rompendo as barreiras do paradigma que dificultava o entendimento de que a mente causava doenças quando tomada por ansiedade e estresse. [786]

---

[784] Ibidem. p. 71.
[785] Ibidem.
[786] Ibidem.

A primeira forma de meditação bem acolhida pela ciência moderna foi a chamada "meditação transcendental"[787] . Ela foi testada cientificamente e associada à melhora ou estabilidade no ritmo de batimentos cardíacos, performance de respiração e de metabolismo corporal. Benson, então, desenvolveu uma síntese desses estudos na técnica que chamou de "Resposta ao Relaxamento"[788]. Ele continuou seus estudos abrangendo a *yoga* e outras técnicas de meditação. Outro desenvolvimento foi a constatação da importância do fator fé no processo meditativo.[789]

## 5.2. CONCEITO DE MEDITAÇÃO

De acordo com o <u>Dicionário de Psicologia</u>[790], partindo do princípio de que Self é, para Carl Gustav Jung, "todo o perímetro que abarca a consciência e o inconsciente"[791], a meditação é entendida como

> "prática mental que, mediante exercícios adequados, permite ultrapassar a experiência habitual de tipo egocêntrico e racional, tendo em vista a absorção em uma consciência

---

787 Ibidem. p. 73.
788 Ibidem. p. 74.
789 Ibidem.
790 GALIMBERTI, Umberto. **Dicionário de Psicologia**. São Paulo: Edições Loyola, 2010.
791 Ibidem. p. 1045.

> mais vasta que permite experimentar o próprio Self mais profundo e em harmonia com o todo (...)".[792]

A meditação seria caracterizada pela

> "regulação da respiração, a privação perceptiva, a concentração da atenção, posturas corporais que favorecem essa concentração, a visualização de símbolos que representam os estágios que se deseja alcançar, a repetição cadenciada de expressões sonoras que afastam a atenção do mundo da palavra regulado por categorias conceituais e racionais."[793]

Willard L. Johnson[794] desmentiu versão popular de que a meditação é um tipo de passividade ou de preocupação autocentrada. Para ele, tais crenças devem-se ao empobrecimento cultural ocidental. O verdadeiro significa de meditação seria relacionado a

> "uma ampla variedade de atividades que buscam expandir e aumentar o alcance da mente e seu possível funcionamento, geralmente produzidas por formas de disciplina motossensorial que incluem sentar-se silenciosamente, relaxar, fechar os olhos, respirar de forma deliberada e o uso de um objeto meditativo para acalmar o funcionamento normal e ansioso da consciência."[795] [Tradução livre]

---

[792] Ibidem. p. 726.
[793] Idem.
[794] JOHNSON, Willard. Ibidem.
[795] Tradução livre para: "a wide variety of activities which seek to expand and enhance the reach of the mind and its possible

O termo meditação é entendido por Michael A. West como "uma forma de experimentar mais amplamente nossa existência momento-a-momento, por meio do encontro direto com a mente"[796] [Tradução livre], isso acontece com o aumento da atenção sobre as sensações corporais, as emoções, os pensamentos, a mente e suas qualidades (como foco e clareza). Para esse autor, ela permite a conexão aberta e sem filtros com qualquer tipo de experiência: positiva, negativa ou neutra. Outra característica seria a redução do sofrimento por meio da redução da reatividade e aumento do bem-estar.[797]

Sob uma perspectiva budista, mas falando sobre todas as formas de meditação, Shinzen Young[798] afirma que o resultado da meditação seria o desenvolvimento da concentração. Ela considera a

---

functioning, generally produced by forms of sensory-motor discipline which include sitting quietly, relaxing, closing the eyes, breathing deliberately, and taking a meditative object to still the ordinary, anxious functioning of consciousness." JOHNSON, Willard. Ibidem. p. 2.

[796] Tradução livre para: "(...) a way of coming to experience more fully our moment-by-moment existence by encountering the mind directly." WEST, A. Michael. **The psychology of meditation: research and practice.** Oxford e Nova York: Oxford University Press, 2016. p. 3.

[797] Ibidem.

[798] YOUNG, Shinzen. **The science of enlightenment: how meditation works.** Boulder: Sounds True, 2016. [Versão Kindle]

meditação "(...) a exploração sistemática da natureza a partir do interior (...)"[799] [Tradução livre].

Roberto Cardoso, Eduardo de Souza, Luiz Camano e José Roberto Leite[800] afirmam quem a meditação é composta por: a) uma técnica específica bem definida, como uma receita; b) relaxamento muscular em algum momento do processo; c) relaxamento do processo lógico por meio da rejeição de qualquer análise e julgamento, assim como pela falta de expectativa sobre o processo; d) obtenção de estado autoinduzido, sem necessidade do apoio continuado de um instrutor para que seja alcançado; d) foco no que classificaram como "âncora"[801] [Tradução livre], ou seja: uma concentração ("âncora positiva"[802] [Tradução livre]: como o foco em um objeto ou som externo), ou a ausência de uma concentração ("âncora negativa"[803] [Tradução livre]: percepções internas) com objetivo de controlar os pensamentos.[804]

---

[799] Tradução livre para: "(...) the systematic exploration of nature from the inside (...)". Ibidem. Localização 512.
[800] CARDOSO, R. de Souza.; SOUZA, Eduardo. de.; CAMANO, Luiz. LEITE, José. Roberto. Meditation in health: an operational definition. **Brain research protocols.** Vol. 14. 2004. p. 58–60.
[801] Tradução livre para: "anchor". Ibidem. p. 58.
[802] Tradução livre para: "positive anchor". Ibidem. p. 60.
[803] Tradução livre para: "negative anchor". Idem.
[804] Ibidem.

Nesse sentido, em resumo, torna-se necessária uma compreensão ampla do conceito de meditação, que inclui diversas possibilidades de atuação mental com predominante ênfase em um estado diferenciado de consciência que permite maior atenção do que naqueles estados mentais corriqueiros, do dia-a-dia.

Inicia-se, então, a seguir, o estudo dos diferentes sistemas de meditação existentes, sem a ambição de analisar todas as variações, mas buscando apenas realizar observação geral de tais práticas. Como a Visão Remota não está, pelo pesquisado nos relatos dos visualizadores remotos, diretamente subordinada a qualquer tipo de prática meditativa bem determinada, o objetivo deste capítulo será alcançar um entendimento mínimo sobre o que pode ser considerada uma prática meditativa.

## 5.3. TIPOS DE MEDITAÇÃO

Tratar-se-ia de esforço talvez inviável demonstrar todos os tipos de meditação existentes. Cada uma das vertentes que serão aqui expostas possui potenciais variações, tornando tal pesquisa um trabalho de enorme monta por si só. Até mesmo pequenos espaços geográficos são capazes de abrigar diversas variações meditativas, como é o caso do budismo tibetano.[805]

Assim, será feita breve apresentação dos sistemas mais comumente encontrados, tendo-se como referência inicial no processo exploratório aqueles citados no sítio Wikipédia de língua inglesa (considerado aqui como mais amplo que o de língua portuguesa), no qual será observado o termo *meditation*[806] (meditação, em tradução livre), que lista os seguintes sistemas de meditação: jainista, budista, hinduísta, siquista, taoísta, bahá'í, judaica, cristã, islâmica (sufista) e meditações ocultistas (wicca e neopagãs), *new age* e seculares.[807] Tais referências serão exploradas em fontes especializadas.

Como este trabalho **não** tem como foco uma pesquisa qualitativa profunda sobre cada um dos tipos de meditação, eles serão apresentados com base em poucas fontes, trazendo, assim, uma perspectiva

---

[805] SIMON, Tami (Editor). **The meditation summit: volume 1: deepen and expand your meditation practice with the world's leading teachers.** Louisville: Sounds True, 2016. Audiolivro (502 min).

[806] **Wikipedia contributors, "Meditation," Wikipedia, The Free Encyclopedia.** Disponível em: <https://en.wikipedia.org/w/index.php?title=Meditation&oldid=835491224>. Acesso em 9 de abril de 2018.

[807] Ibidem.

limitada de cada um. Indica-se a um estudo futuro a análise do papel de cada tipo de meditação para as práticas de Visão Remota.

Assim, os sistemas de meditação podem ser superficialmente divididos nos seguintes tipos:

- Bahá'í: entendida a meditação como comunicação com o espírito pessoal na forma de perguntas e respostas com objetivo de revelar a realidade.[808]

- Budista: seus objetivos genéricos seriam a flexibilidade, aplicabilidade, completude e foco no momento presente. Conceitualmente, as práticas são divididas entre aquelas voltadas para a calma (*samatha*) e as voltadas para o insight (*vipassana*)[809], uma observação atenta dos estímulos sensoriais e mentais.[810] Textos fundamentais do

---

[808] HARTZ, Paula; O'BRIEN, Joanne (Editor); PALMER, Martin (Editor). **Baha'i faith.** 3ª Ed. Nova York: Chelsea House Publishers, 2009. (World Relgions)
[809] SHAW, Sarah. **Buddhist meditation: an anthology of texts from the pali canon.** Londes e Nova York: Routledge, 2006.
[810] PREGADIO, Fabrizio (Editor). **The encyclopedia of taoism: a-z.** Londres e Nova York: Routledge, 2008.

budismo trariam a divisão dos métodos meditativos pelas palavras do próprio Buda, que os teria indicado para diferentes tipos de pessoas.[811]

- o As "meditações sujas"[812] [Tradução livre] para aqueles dominados pelos desejos. Tais meditações teriam como objetos coisas relacionadas à morte, violência e sofrimento, como: "cadáver roído por feras selvagens"[813] [Tradução livre] ou "ossos espalhados"[814] [Tradução livre].[815]

- o A meditação da "bondade amorosa"[816] [Tradução livre] para as pessoas propensas ao ódio.[817]

---

[811] SHAW, Sarah. Opus Citatum.
[812] Tradução livre para: "(...) foul meditations (...)". Ibidem. p. 89.
[813] Tradução livre para: "Corpse gnawed at by wild beasts (...)". p. 102.
[814] Tradução livre para: "Scattered bones". Idem.
[815] Ibidem.
[816] Tradução livre para: "(...) Loving-kindness (...)". Ibidem. p. 10.
[817] Ibidem.

- o Para os ignorantes, a observação, conversação e questionamento dos sábios;[818]

- o Para aqueles de mente ativa, as meditações da "atenção plena"[819] [Tradução livre] (*mindfulness*);[820]

- o Para os que possuem fé, a observação de sinais que inspiram confiança;[821]

- o Para os sábios, a observação da impermanência, do sofrimento e do não-eu.[822]

- Cristã: compreendida em diferentes sentidos, como:

  - o Recitação ou memorização de textos sagrados;[823]

---

[818] Ibidem.

[819] Tradução livre para: "(...) mindfulness (...)". Ibidem. p. 9.

[820] Ibidem.

[821] Ibidem.

[822] Ibidem.

[823] CROSS, F. L. (Editor); LIVINGSTONE, E. A. (Editor). **The Oxford dictionary of the christian church.** Oxford e Nova York: Oxford University Press, 1997.

- o Lembrança de verdades religiosas ou pensamentos inspiracionais ao longo do dia;[824]

- o Pensamento ativo sobre qualquer tema, seja sob aspecto devocional ou analítico;[825]

- o Lembrança de episódios da vida de Jesus com objetivo de atingir estado emocional intenso. Envolve também a visualização mental.[826]

- Hinduísta: conhecida pelo termo "*dhyana*"[827], designa a concentração fixada em um objeto.[828] Na *yoga*, "é uma forma profunda de concentração da mente, que eventualmente leva ao estado de *Samadhi*, que envolve foco

---

[824] Ibidem.
[825] Ibidem.
[826] Ibidem.
[827] LOCHTEFELD, James. G. **The illustrated encyclopedia of hinduism.** Vol 1. Nova York: The Rosen Publishing Group, 2002. p. 196.
[828] Ibidem.

altamente concentrado na mais alta realidade (ou realidades)."[829]

- Islâmica (sufismo): conhecida como "*muraqabah*"[830] ou "*dhikr*"[831] e realizada pelos sufistas, que são minoria islâmica ligada ao misticismo (historicamente anteriores ao surgimento do próprio islamismo e herdeiros de bagagem filosófica vedanta-hinduísta).[832] Envolve movimentos corporais (danças e movimentos giratórios) com o objetivo de gerar estado alterado de consciência que aproxima o meditador de uma realidade superior. Também está ligado ao proferimento de palavras com poderes especiais, de complexo significado

---

[829] Tradução livre para: "It is a deeper concentration of the mind, eventually leading to the SAMADHI state, which involves highly concentrated focus on the highest reality (or realities)." JONES, Constance. A.; RYAN, James. D. **Encyclopedia of hinduism.** Nova York: Facts on File, 2007. (Encyclopedia of World Religions)

[830] HUGHES, Thomas Patrick. **A dictionary of islam: being a cyclopedia of the doctrines, rites, ceremonies, and customs, together with the technical and theological terms, of the muhammadan religion.** Nova York: Scribner Welford. p. 347.

[831] RENARD, John. **A historical dictionary of sufism.** Nº 58. Maryland: The Scarecrow Press, 2005. (Historical Dictionaries of Religions, Philosophies, and Movements) p. 55.

[832] Ibidem.

matemático de acordo com as letras utilizadas.[833]

- Jainista: meditação austera com duração aproximada de quarenta e oito minutos. Foco na renúncia às paixões do corpo para a remoção de impurezas, até mesmo de diferentes reencarnações.[834] [835]

- Judaica: tem como foco a contemplação de Deus por meio de visualizações. Em uma das técnicas, o meditador deve imaginar que o nome de Deus ("YHVH"[836]) é visto em letras muito grandes, enquanto direciona seu "coração"[837] [Tradução livre] para o infinito ("*Ein Sof*"[838]). Em outra técnica, o meditador deve perceber-se como sendo

---

[833] SHAH, Idries. **The sufis.** Londres: ISF Publishing, 2016. Audiolivro (1.128 min).

[834] FOHR, Sherry. **Jainism: a guide for the perplexed.** Londres e Nova York: Bloomsbury Academic, 2015.

[835] LONG, Jeffery. D. **Jainism: an introduction.** Londres e Nova York: I.B. Tauris, 2009. (I.B.Tauris Introductions to Religion)

[836] WERBLOWSKY, R. J. Zwi (Editor); WIGODER, Geoffrey (Editor). **The Oxford dictionary of the jewish religion.** Nova York e Oxford: Oxford University Press, 1997. p. 449.

[837] Tradução livre para: "(...) heart (...)". Idem.

[838] Idem.

luz cercada por luzes celestiais. Também inclui a recitação de versos sagrados.[839]

- *New age*: agregado de diferentes métodos, especialmente orientais, adaptados ao *modus operandi* da sociedade ocidental. Inclui variações da *yoga*, conhecimentos hinduístas, técnicas budistas, canalização de espíritos, uso de cristais, numerologia e outros métodos. Usada para autoconhecimento, contato com a alma ou espírito, assim como para gerar um "salto quântico evolutivo em direção a um novo nível de consciência e atenção sobre o mundo real por trás das aparências"[840] [Tradução livre]. Também utilizada em visualização criativa. Um dos métodos desenvolvidos nesse contexto foi o da Meditação Transcendental, que

---

[839] Ibidem.

[840] Tradução livre para: "(...) quantum leap in evolution to a new level of consciousness, an awareness of the real world behind appearances.". GOLE, Michael; GRAHAM, Jim; HIGTO, Tony. LEWIS, David. **What is The New Age? A detailed candid look at this fast growing movement.** Londres, Sydney, Auckland e Toronto: Hodder and Stoughton, 1990. p. 21.

faz uso de mantras personalizados.[841] [842] [843]

- Ocultista: meditações no contexto de rituais de magia têm por objetivo o relaxamento que facilite a "visualização e evocação de espíritos ou entidades"[844] [Tradução livre]. Também servem como meio de evitar distrações em rituais perigosos.[845]

- Siquista: tem como base o *"Japj"*[846], que é um poema a ser recitado diariamente e em rituais específicos.[847]

---

[841] Ibidem.

[842] YORK, Michael. **Historical dictionary of new age movements.** Maryland: The Scarecrow Press, 2004.

[843] FOREM, Jack. **Transcendental meditation: the classic text revised and updated.** Carlsbad, Nova York, Londres, Sydney, Johannesburg, Vancouver, Hong Kong e Nova Delh: Hay House, 1973.

[844] Tradução livre: "(...) visualization and evocation of spirits or entities." LEWIS, James. R. **Withcraft today: an encyclopedia of wiccan and neopagan traditions.** Santa Barbara: ABC-CLIO, 1999.

[845] Ibidem.

[846] COLE, W. Owen.; SAMBHI, Piara. Singh. **A Popular dictionary of sikhism.** Londres e Nova York: RoutledgeCurzon, 2005. p. 44.

[847] Ibidem.

- Seculares: Em geral, são meditações originalmente religiosas que passaram por adaptações que visam tirar seu foco religioso ou moldar-se a aplicações no âmbito científico ou clínico. Exemplos são modificações das meditações de bondade amorosa e *mindfullness* (como aplicação médica na redução do estresse sob a denominação *"Mindfullness-Based Stress Reduction"*[848] -MBSR-), assim como métodos de meditação para aplicação por psicólogos em ambiente clínico, incluindo a própria meditação transcendental anteriormente citada e a terapia cognitiva *"Mindfulness-Based Cognitive Therapy"*[849] -MBCT-. Tais protocolos, assim como a meditação transcendental, pertencem à categoria ampla de intervenções baseadas no

---

[848] STHAL, Bob.; GOLDSTEIN, Elisha. **A mindfulness-based stress reduction workbook.** Oakland: New Harbinger Publications, 2010. [Versão Kindle] Localização 76,1.
[849] WAELDE, Lynn. C.; THOMPSON, Jason. M. **Traditional and secular views of osychoterapeutic applications of mindfulness and meditation.** In: WEST, Michael. A. Ibidem. p. 119.

método *mindfulness*, chamada *"mindfulness-based intervention"*[850] - MMBI-;[851] [852] [853]

- Taoísta: compartilha com o budismo os tipos de meditação com foco em um único objeto (*ding*[854] ou *shou*[855]) e de insight (*guan*[856]), com atenção plena aos sentidos. Incorpora fortemente, também, visualizações (*cun*[857]) de deidades e poderes celestiais, permitindo ao adepto mais avançado a interação com tais entidades para recebimento de seus estímulos divinos.[858]

Parte-se, então, à classificação dos tipos de meditação. Tal conhecimento será diretamente aplicado no processo de análise dos dados coletados

---

[850] Idem.
[851] Ibidem.
[852] HELLER, Rick. **Secular meditation: 32 practices for cultivating inner peace, compassion, and joy - a guide from the humanist community at Harvard**Novato: New World Library, 2015.
[853] WEST, Michael. A. Opus Citatum.
[854] PREGADIO, Fabrizio (Editor). Ibidem. p. 118.
[855] Idem.
[856] Idem.
[857] Idem.
[858] Ibidem.

dos documentos de Visão Remota divulgados pela CIA.

## 5.4. CLASSIFICAÇÃO DOS TIPOS DE MEDITAÇÃO

O brasileiro Roberto Cardoso[859] classifica os tipos de meditação em: ativas, passivas e mistas, sendo que:

- as meditações ativas permitem o movimento do corpo durante o processo meditativo;

- as passivas são caracterizadas pela adoção de uma postura fixa, mantida ao longo de toda a sessão de meditação; e

- as mistas incorporam momentos de postura fixa, com outros de movimento.[860]

Em seguida, ele as subclassifica como possuindo ou não os seguintes elementos:

---

[859] CARDOSO, Roberto. **Medicina e meditação: um médico ensina a meditar.** 3ª. Ed. São Paulo: MG Editores, 2011. [Versão Kindle]
[860] Ibidem.

- catárticos: que colocam "(...) para fora"[861] conteúdos emocionais reprimidos;

- devocionais: objetivo místico ou religioso;

- emocionais: foco emocional;

- espontâneos: com movimentos aleatórios;

- fixação: com foco mental em um ponto fixo;

- físicos: foco no corpo;

- harmonização: entendido como "o próprio momento do agora"[862];

- mentais: foco na percepção interna, mental; [863]

- naturais: observação de processos corpóreos naturais, como a respiração;

---

[861] Ibidem. Localização 449.

[862] **CARDOSO, Roberto.** 2018. Tipos De Técnicas – Parte II. Redepsi - Psicologia. Disponível em: < http://www.redepsi.com.br/2007/07/18/tipos-de-t-cnicas-parte-ii/>. Acesso em 07 de maio de 2018.

[863] CARDOSO, Roberto. **Medicina e meditação: um médico ensina a meditar.** Ibidem.

- programados: repetição de movimentos ou sequências de movimentos;

- pós-catárticos: observação dos efeitos de uma catarse anterior;

- pós-concentrativos: observação dos efeitos de uma concentração anterior;

- sonoros: com emissão de sons;

- testemunhal: o testemunho, como se fosse um observador externo, do si mesmo[864];

- visualização: com imaginação ativa ou foco imaginário. [865]

Conjugando todas variações, o autor chegou ao seguinte esquema de possibilidades:

- Meditações ativas catárticas: a) base física; b) base emocional; c) base mental.[866]

---

[864] **CARDOSO, Roberto.** 2018. Tipos De Técnicas – Parte II. Redepsi - Psicologia. Disponível em: < http://www.redepsi.com.br/2007/07/18/tipos-de-t-cnicas-parte-ii/>. Acesso em 07 de maio de 2018.
[865] CARDOSO, Roberto. **Medicina e meditação: um médico ensina a meditar.** Ibidem.
[866] Ibidem.

- Meditações ativas de movimento: a) devocionais; b) programadas; c) espontâneas. [867]

- Meditações passivas concentrativas: a) devocionais; b) sonoras; c) de fixação; e) de visualização; f) naturais. [868]

- Meditações passivas perceptivas: a) pós-catarse; b) pós-concentração; c) devocionais; d) de harmonização; e) testemunhal. [869]

- Técnicas mistas. [870]

## 5.5. HIPNOSE X MEDITAÇÃO

Recobrando o tema apresentado no segundo capítulo, a hipnose é definida pelo Dicionário de Psicologia[871] como estado alterado de consciência onde existe "(...) redução das capacidades críticas, aumento da sugestionabilidade e limitação da atenção (...)"[872]. O hipnotizado, então, "(...) passa a atender

---

[867] Ibidem.
[868] Ibidem.
[869] Ibidem.
[870] Ibidem.
[871] GALIMBERTI, Umberto. Ibidem.
[872] Ibidem. p. 585.

exclusivamente às solicitações do hipnotizador"[873]. Tal situação difere da meditação, que tem um caráter de autoindução e independência mental, de acordo com a definição de Roberto Cardoso *et alii*[874], associada à atenção elevada, como vimos anteriormente.

Nesse sentido, a Visão Remota (dentro do âmbito do Programa *Stargate*) não pode ser classificada, via de regra, como tendo a hipnose como um de seus componentes. Não faz parte dos protocolos até então vistos a existência de um hipnotizador que mantenha controle, em qualquer grau, das faculdades mentais do hipnotizado. O papel mais próximo disso seria o do *tasker*, mas, como visto no capítulo anterior, ele atua guiando e coletando informações sobre o que o visualizador remoto consegue observar utilizando suas livres faculdades mentais.

Diversos documentos liberados pela CIA, inclusive aqueles pesquisados mais à frente, explicitamente afirmam que a hipnose não é utilizada na Visão Remota. Um exemplo é o documento CIA-

---

[873] Idem.
[874] CARDOSO, Roberto. **Medicina e meditação: um médico ensina a meditar.** Ibidem.

RDP96-00787R000500400001-4[875], que afirma que "Nenhuma hipnose, luzes estroboscópicas ou procedimentos de privação sensorial foram jamais utilizados já que, em nosso ponto de vista, esses (incomuns) fatores ambientais retiram parte da muito necessária atenção do sujeito"[876] [Tradução livre].

Tal preocupação em evitar a associação da Visão Remota com a hipnose enquadra-se, como visto no capítulo sobre Inteligência, como consequência das práticas de projetos e programas da CIA (como MK-Ultra), que espantaram sociedade estadunidense e levaram à adoção de protocolos de Uso Humano, que criam limites éticos às pesquisas envolvendo seres humanos. O mesmo Uso Humano, como já foi visto, também se aplicou às pesquisas de Visão Remota.

---

[875] PUTHOFF, Harold. E.; TARG, Russel. **Standart Remote-Viewing Protocol (Local Targets).** Disponível em: < https://www.cia.gov/library/readingroom/docs/CIA-RDP96-00787R000500400001-4.pdf>. Acesso em 26 de junho de 2018.
[876] Tradução livre para: "No hypnosis, strobe lights, or sensory-deprivation procedures are ever used, since in our view these (novel) environmental factors take away some of the subject's much-needed attention." Ibidem.

## 6. METODOLOGIA

Tendo concluída a fase inicial de apresentação dos diferentes conhecimentos que convergem neste trabalho, inicia-se uma segunda fase de desenvolvimento, com foco na análise documental, dos arquivos liberados ao público pela CIA.

Este estudo tem como base o **método dedutivo**[877], por isso é composto por um problema central de pesquisa dividido em problemas específicos, que dão subsídio e respondem aos diferentes pontos do problema central, assim como hipóteses a serem testadas para cada um deles. A coleta dos dados dar-se-á por meio da técnica **análise do conteúdo** e sua análise utilizará procedimento **quantitativo**.

### 6.1. OS LIMITES DO ESTUDO

Esta pesquisa estudará a meditação em sentido amplo, por isso será adotada a designação "práticas meditativas" ao longo da análise. Contudo, este trabalho não busca estudar se a meditação, ao longo da vida ou em outros contextos, traz aumento da

---

[877] POPPER, Karl. **The logic of scientific Discovery**. Londres e Nova York: Routledge, 1992.

eficácia ou eficiência das atividades de Visão Remota (como poderia alegar-se em relação a possíveis mudanças de longo ou médio prazo em termos psicológicos, de estrutura do cérebro ou espirituais). Também não busca entender qual tipo de meditação é mais ou menos eficiente ou eficaz para a Visão Remota. Os objetivos aqui buscados são no sentido de compreender quais as referências às práticas meditativas existem nos documentos divulgados pela CIA.

Por documento entenda-se: arquivo digital em formato PDF com acesso por meio de página de internet exclusiva e numeração no padrão: "CIA - [Letras] [números] - [número] [letra] [número] - [número]", como em: CIA-RDP96-00788R001100200003-6[878].

Ressalta-se que os documentos aqui analisados constituem apenas uma parte desclassificada de um número desconhecido de documentos totais, sendo que uma quantidade incerta deles ainda é mantida em

---

[878] **INSCOM Grill Flame Project Protocol.** Disponível em: <https://www.cia.gov/library/readingroom/docs/CIA-RDP96-00788R001100200003-6.pdf>. Acesso em: 27 de junho de 2018.

segredo pelo governo dos EUA.[879] [880] Da mesma forma, os procedimentos de Visão Remota não podem ser averiguados além dos dados existentes nos documentos e nos relatos de livros do visualizadores remotos (ou nos quais aparecem como entrevistados) que decidiram publicizar suas histórias, estando tais pessoas ainda potencialmente submetidas a regimes, mesmo que parciais, de manutenção de segredos. Note-se que alguns desses ex-espiões psíquicos possuem empresas privadas de Visão Remota (como, por exemplo, as empresas: *DavidMorehouse Productions*[881], de David Morehouse; *Remote Viewing Instructional Services*[882] -RVIS-, de Paul H. Smith; e *Problems>Solutions>Innovations*[883] -P>S>I-, de Lyn Buchanan) e continuam prestando serviços para o governo dos EUA, o que torna seus relatos

---

[879] WALIA, Arjun. **90,000 Classified CIA Documents Now Available Online: STARGATE and MK-Ultra.** Disponível em: <http://www.theeventchronicle.com/study/90000-classified-cia-documents-now-available-online-stargate-MK-Ultra/#>. Acesso em 25 de abril de 2018.

[880] JACOBSEN, Annie. Ibidem.

[881] **David Morehouse.** Disponível em: < http://davidmorehouse.com/>. Acesso em: 01 de maio de 2018.

[882] **Home.** Disponível em: <https://rviewer.com/>. Acesso em: 01 de maio de 2018.

[883] **Lyn Buchanan's Controlled Remote Viewing Training.** Disponível em: <http://www.crviewer.com/aboutus.php>. Acesso em: 01 de maio de 2018.

potencialmente incompletos e até mesmo sujeitos a inverdades que visem criar desinformação (por qualquer objetivo político/militar possível).[884] [885] De acordo com Jim Marrs, sobre o estudo do tema:

> "A secretividade envolvida criou um sério problema na tentativa de reconstruir a história dos Espiões Psíquicos. Declarações públicas e histórias publicadas por ex-membros parecem superficiais e até contraditórias. Provou-se muito difícil separar a verdade de histórias para encobrir outras histórias, memórias imprecisas, e a falta de vontade de divulgar o que muitos ainda consideram segredos militares. Tal situação mistura-se à distorção e desinformação nas declarações governamentais em esforço para tirar a credibilidade da tecnologia da visão remota na mente do público."[886] [Tradução livre]

Outro ponto a ser observado é que alguns documentos estão incompletos, com apenas partes desclassificadas e outras com marcas negras sobre os

---

[884] DAMES, Edward A. Ibidem.
[885] SMITH, Paul. H. Ibidem.
[886] Tradução livre para: "The secrecy involved created a serious problem in trying to reconstruct the Psi Spies story. Public statements and published pieces from former members appear sketchy and even contradictory. It has proven very difficult to separate the truth from cover stories, faulty memories, and the unwillingness to divulge what many still consider military secrets. This situation is compounded by the spin and disinformation made public by the government in an effort to discredit remote viewing technology in the public mind." MARRS, Jim. p. 161.

textos. Também existe a possibilidade de que trechos do mesmo documento estejam em arquivos distintos, caso onde serão considerados como possuidores de conteúdo diferenciado, ou seja: dois documentos diferentes e independentes.

Não serão analisados anexos/apêndices aos documentos analisados (alguns dos quais incluem outros documentos longos, como no caso do arquivo CIA-RDP96-00788R001300070003-9[887]).    Alguns documentos são compostos exclusivamente de apêndices, caso em que serão considerados.

Por fim, destaca-se que não será feita análise aprofundada sobre os diferentes protocolos de Visão Remota (CRV, ERV e outras denominações), distinguindo qual utiliza meditação ou qual a rejeita, assim como qual usa mais ou menos práticas meditativas. Esse tipo de análise pode ser realizada em outro futuro estudo, porém esta pesquisa visa observar o uso da meditação como um todo, independente do protocolo. Uma das dificuldades em tal análise seria

---

[887] **Proposed Grill Flame Protocol (U). Proposed SRI International Applied Remote Viewing Protocol (S).** Disponível em: <https://www.cia.gov/library/readingroom/docs/CIA-RDP96-00788R001300070003-9.pdf>. Acesso em 03 de maio de 2018.

diferenciar até que ponto um protocolo é independente do outro. Por meio da observação dos relatos dos visualizadores remotos (em seus livros), é possível perceber certo grau de mistura entre os métodos, assim como modificações personalizadas que tornam difícil determinar os limites de cada um (em análise retrospectiva e por vezes sem controle laboratorial estrito, como no caso de efetiva coleta de material de Inteligência para fins práticos, por vezes em situações de estresse ou exaustão física/mental).

## 6.2. DOS DOCUMENTOS ANALISADOS

Os documentos analisados são provenientes dos arquivos da CIA disponibilizados para acesso via internet a partir do ano de 2017. Alguns desses são réplicas de documentos gerados em fontes públicas, mas adicionados aos arquivos governamentais (como notícias de jornal ou trechos de revistas). Outra parte, porém, é composta por fontes primárias cujo nascedouro está na própria CIA ou outros órgãos dos EUA, e que possuíam natureza secreta até sua liberação.

A fim de permitir uma melhor organização dos documentos analisados e sua análise, serão adotados os seguintes procedimentos:

- Apenas serão utilizados documentos divulgados no sítio oficial da CIA na internet (cia.gov);

- Serão incluídos apenas os documentos classificados como pertencentes à "coleção"[888] [Tradução livre] *STARGATE*. Isso reduz o número de documentos de 1.040.661 para 12.473;

- Todos os documentos selecionados serão individualmente identificados e avaliados;

- Serão eliminados da lista de pesquisa, de forma justificada, aqueles que não trouxerem informações relevantes (como no caso de documentos copiados);

---

[888] Tradução livre para: "Collection". **Advanced Search | CIA FOIA.** Disponível em: <https://www.cia.gov/library/readingroom/advanced-search-view>. Acesso em: 25 de abril de 2018.

- Não serão analisados os anexos/apêndices dos documentos. Contudo, alguns documentos são compostos exclusivamente de apêndice (como no caso CIA-RDP96-00787R000200130008-0[889]), caso em que serão considerados válidos.

- Apenas os documentos divulgados até o mês de junho de 2018 serão considerados;

- O termo meditação será compreendido em seu sentido amplo, abarcando todos os outros termos que compõem seu entendimento (como concentração ou visualização mental voluntária), de acordo com o apreendido no capítulo anterior;

- O termo hipnose será considerado como diferente do termo meditação, como

---

[889] **Appendix I – Suggested Protocol for Operational Remote-Viewing Exercise.** Disponível em: < https://www.cia.gov/library/readingroom/docs/CIA-RDP96-00787R000200130008-0.pdf>. Acesso em 29 de maio de 2018.

exposto anteriormente, e descartado da coleta de dados;

- Os termos utilizados para as pesquisas estão na língua inglesa, para relacionarem-se com o idioma em que estão os documentos fonte;

- Serão desconsideradas as anotações à mão que eventualmente existam nos documentos (que em grande parte são ilegíveis e que podem ter sido escritas por pessoa diferente daquela que originalmente produziu o documento);

- Serão apenas analisados os documentos que contenham as palavras *Protocol* (protocolo, em tradução livre) e *Manual* (de mesmo significado em português e inglês) em seu título;

O formulário utilizado para as pesquisas inicias é o representado pela Figura 1. Não serão preenchidos os campos: "*search term(s)*"; "*Document Number/ESDN*"; "*Original Classification*"; "*Publication Date (YYY-MM-DD)*"; "*Content Type*"; e "*Case Number*". Assim, ao não se restringir excessivamente a pesquisa, permitir-se-á acesso ao maior número de ocorrências possível, o que elevará o número de documentos analisados, mas evitará que passem despercebidos documentos não completamente indexados pelo sistema eletrônico do sítio em questão.

**Figura 1 – Formulário de pesquisa avançada em documentos FOIA no sítio da CIA. Advanced Search | CIA FOIA.**

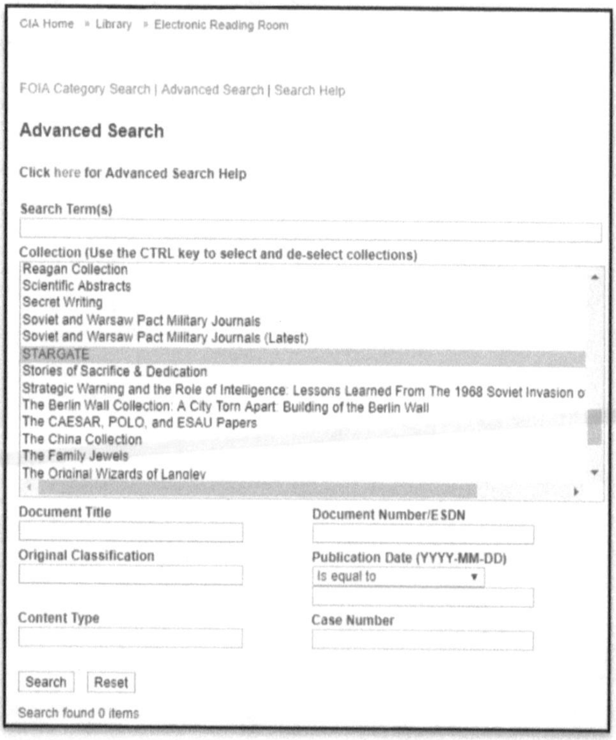

Fonte: *Formulário de pesquisa avançada em documentos FOIA no sítio da CIA. Advanced Search | CIA FOIA. Disponível em: < https://www.cia.gov/library/readingroom/advanced-search-view>. Acesso em: 01 de maio de 2018.*

## 6.3. MÉTODO QUANTITATIVO

Esta pesquisa seguirá a metodologia quantitativa[890], baseando-se no cálculo dos dados coletados para chegar a conclusões. Nesse sentido, extrairá informações dos textos analisados por meio da contabilidade da recorrência de palavras-chave ou conjunto de palavras com significados semelhantes, em técnica conhecida como análise do conteúdo. Esta é diferente da análise de discurso, na medida em que essa última busca uma compreensão ampla do discurso em sua interação bidirecional entre o sujeito e o ambiente.[891] [892] O procedimento aqui adotado, porém, é mais restritivo, predeterminando o significado das palavras-chave pesquisadas e suas variações.[893]

Isso não significa desprezo aos aspectos subjetivos, mas a constatação de que se trata de pesquisa demasiado complexa para os recursos

---

[890] MARCONI, Maria. De Andrade.; LAKATOS, Eva. Maria. **Metodologia científica.** 7ª. Ed. São Paulo: Atlas, 2017.
[891] ROCHA, Décio.; DEUSDARÁ, Bruno. **Análise de Conteúdo e Análise do Discurso: aproximações e afastamentos na (re)construção de uma trajetória.** Disponível em: <http://www.scielo.br/pdf/%0D/alea/v7n2/a10v7n2.pdf>. Acesso em 25 de abril de 2018.
[892] ORLANDI, Eni. P. **Análise de discurso: princípios & procedimentos.** 9ª Ed. Campinas: Pontes Editores, 2010.
[893] Ibidem.

disponíveis para este estudo. Lembra-se que os meios de proteção à identidade das pessoas que produziram tais documentos secretos (na forma de censura, por meio de tarjas pretas ou semelhantes) impedem a identificação do(s) autor(es) de muitos documentos e torna difícil a compreensão das subjetividades envolvidas. Da mesma forma, o caráter burocrático desses documentos dificulta a percepção clara das nuances subjetivas envolvidas.

## 6.4. PROBLEMAS DE PESQUISA E OBJETIVOS GERAIS E ESPECÍFICOS

Neste ponto, colocam-se os alicerces que buscam responder ao problema de pesquisa central: **qual a importância das práticas meditativas para a Visão Remota no âmbito do Programa Stargate e quais suas características?**

O objetivo geral é compreender, no âmbito governamental e dentro do período de tempo abarcado pelos documentos divulgados sob a denominação "STARGATE"[894] (que vão de 1972 até 1995), a

---

[894] **Advanced Search | CIA FOIA.** Disponível em: <https://www.cia.gov/library/readingroom/advanced-search-view>. Acesso em: 26 de abril de 2018.

importância das práticas meditativas para a Visão Remota e suas características.

O primeiro objetivo específico busca enquadrar em qual das seguintes sete categorias encontram-se a importância da prática meditativa para a Visão Remota: a) sem qualquer importância; b) baixa importância; c) importância moderadamente baixa; d) importância moderada; e) importância moderadamente alta; f) alta importância; ou g) importância absoluta. Os demais objetivos específicos buscam entender a classificação das práticas meditativas existentes em tais documentos e em que momento (antes, durante ou depois das sessões) elas são indicadas para uso.

Ao longo da pesquisa, serão observados protocolos e manuais que determinavam as regras de como as sessões de Visão Remota deveriam ocorrer. Esses documentos incluem protocolos gerados por diferentes órgãos, em diferentes momentos. Alguns deles possuem diferentes versões ao longo do tempo, conforme são testados na prática ou sofrem influência de atores diversos. Essas fontes documentais, independentemente de sofrerem modificações ao longo do tempo ou de serem propostas (não confirmadamente aplicadas), serão consideradas com o mesmo valor.

### 6.4.1. Qual a Importância das Práticas Meditativas nos Protocolos de Visão Remota?

Assim, o primeiro problema específico de pesquisa é: **"Qual a importância das práticas meditativas nos protocolos de Visão Remota?"**

Para alcançar essa resposta, será realiza contabilidade dos termos que fazem referência à meditação *versus* aqueles que fazem referência negativa. Caso um termo apareça precedido ou sucedido de expressão negativa, que denote a sua não utilização (como: "não usar" ou "evitar", por exemplo), ele será subtraído do montante de termos positivos. Caso ocorra predominância de termos positivos, será contabilizada apenas uma ocorrência por documento. No caso contrário (ou na simples inexistência de tais termos), o documento será contabilizado como não contendo referências. Ou seja: a escala varia entre "sem qualquer importância" até a "importância absoluta", não existindo a classificação de "importância negativa" (ilustrativamente, se tivesse sido utilizado um critério estritamente numérico, seria uma escala de 0 a 100 e não de -100 a +100).

Os termos observados são: *meditation, relaxation, cool down, concentration, target focus, focus, attention, mental effort, imagination, visualization, discrete state of consciousness*, assim como suas variações. Também serão consideradas as negações a seus opostos (como: "não deixar a mente desviar-se"[895], que seria uma indicação positiva para os termos *attention, focus* ou *concentration*).

## 6.4.1.1. Tratamento dos dados

O número total de ocorrências positivas (NTO) será dividido pelo número total de documentos (NTD) e multiplicado por cem, demonstrando a porcentagem da presença desses termos. Assim, a fórmula de cálculo é: (NTO / NTD) . 100 = X%. O valor de X% será, então, arredondado e classificado de acordo com o seguinte critério, indicando a importância da meditação em relação ao conjunto total dos documentos avaliados:

---

[895] **Standard Remote-Viewing Protocol (Local Targets).** Disponível em: <https://www.cia.gov/library/readingroom/docs/CIA-RDP96-00788R001300050001-3.pdf>. Acesso em 05 de junho de 2018.

- Igual a 0%: sem qualquer importância;

- De 1% até 33%: baixa importância;

- De 34% até 44%: moderadamente baixa importância;

- De 45% até 55%: moderada importância;

- De 56% até 66%: moderadamente alta importância;

- Acima de 67% até 99%: alta importância;

- Igual a 100%: importância absoluta;

Assim, será possível atender ao objetivo específico de determinar a importância das práticas meditativas para a Visão Remota dentre os documentos analisados.

### 6.4.1.2. Hipótese

Em resposta a esse problema de pesquisa, surge como hipótese a afirmação: **"As práticas meditativas possuem importância baixa para a Visão Remota no âmbito dos documentos do Programa Stargate"**.

Isso se dá devido às afirmações, existentes em diferentes livros sobre Visão Remota, de que aos militares não interessava o uso de técnicas complexas e demoradas. O objetivo dos militares seria o desenvolvimento de método de Visão Remota para uso dos soldados em campo de batalha, permitindo a previsão dos movimentos inimigos de forma rápida. Lyn Buchanan afirma que

> "Eles queriam um método que pudesse ser ensinado a qualquer um. Eles queriam algo que pudesse ser ensinado no campo de batalha até ao soldado raso mais burro em apenas cinco minutos, para que ele pudesse dizer ao comandante o que existia além da colina e para onde apontar as armas."[896] [Tradução livre]

## 6.4.2. Quais os Elementos Comuns das Práticas Meditativas Encontradas e Em que Modelo Podem ser Enquadrados?

Como segundo questionamento específico, coloca-se a pergunta: **"Quais os elementos comuns das práticas meditativas encontradas e em que modelo podem ser enquadrados?"**

Para tal fim, serão verificados e contabilizados os elementos característicos encontrados nos

---

[896] Tradução livre para: "They wanted something that could be taught to the dumbest grunt soldier on the battlefield in five minutes, so he could tell his commander what was over the hill and where to point the guns." BUCHANAN, Lyn. p. 31.

documentos que tragam referência positiva à meditação, seguindo-se o modelo de Roberto Cardoso, exposto no capítulo cinco, ou seja: a) catárticos; b) devocionais; c) emocionais; d) espontâneos; e) fixação; f) físicos; g) harmonização; h) mentais; i) naturais; j) programados; k) pós-catárticos; l) pós-concentrativos; m) sonoros; n) testemunhais.

Caso existam dados que tornem possível tal análise, esses elementos serão agrupados como: a) Meditações ativas catárticas; b) Meditações ativas de movimento; c) Meditações passivas concentrativas; d) Meditações passivas perceptivas; ou e) Técnicas mistas.

Caso não seja possível realizar tal agrupamento, será utilizada a seguinte classificação: a) meditações passivas; b) meditações ativas; c) meditações mistas. Por fim, é possível que alguns documentos tragam apenas referências simples à meditação, sem qualquer especificação ou sem a possibilidade de se perceber suas características. Nesse último caso, devido à ausência de informações significativas, a prática meditativa será classificada como: "genérica".

### 6.4.2.1. Tratamento dos dados

Em etapa intermediária, os termos serão agregados, contabilizados e classificados. Apenas uma ocorrência será registrada por termo, por documento. Quando necessário, eles serão retirados dos documentos juntamente com as palavras que contextualizem sua aplicação, apenas com objetivo de facilitar a compreensão do leitor.

O resultado final será apresentado na forma de gráfico com informação do percentual da presença de cada tipo. Dessa forma, pretende-se suprir o objetivo específico de compreender quais as características das práticas meditativas nos protocolos do Programa STARGATE.

### 6.4.2.2. Hipótese

Em resposta a esse problema de pesquisa, surge como hipótese a afirmação: "**O modelo passivo perceptivo (composto pelos elementos: pós-catarse, pós-concentração, devocionais, de harmonização e testemunhal) é o predominante dentre os dados analisados**".

Isso se daria devido à necessidade de percepção de informações externas à vida cotidiana do sujeito e às suas características psíquicas. O modelo passivo perceptivo seria o mais apto a permitir a percepção de informações sobre um alvo externo, distante e desconhecido.

### 6.4.3. Em que Momento da Sessão de Visão Remota são Indicadas as Práticas Meditativas?

Como a prática meditativa pode ocorrer antes, durante ou depois das sessões de visualização remota, o estudo buscará resposta para essa dúvida por meio de um terceiro problema específico de pesquisa: "**Em que momento da sessão de Visão Remota são indicadas as práticas meditativas?**"

Desse modo, os documentos que possuírem referência positiva às práticas meditativas serão analisados em separado e o resultado indicará o papel de tais atividades em cada um dos períodos de tempo (antes, durante e depois das sessões) de acordo com o critério já conhecido: a) sem qualquer importância; b) baixa importância; c) importância moderadamente baixa; d) importância moderada; e) importância moderadamente alta; f) alta importância; g) importância absoluta. Caso exista mais de um período de tempo indicado em um único documento, todos serão contabilizados. Por fim, caso não haja qualquer indicação temporal o período de tempo será considerado indeterminado e não adicionado à contagem. Dessa forma, busca-se suprir o objetivo específico de compreender em que momento a atividade de meditação é mais indicada em uma sessão de Visão Remota.

### 6.4.3.1. Tratamento dos dados

A contabilidade dos dados dar-se-á da seguinte forma: o número total de ocorrências de cada período (NTOP) será dividido pelo número total de ocorrências (NTO) e multiplicado por cem, demonstrando a porcentagem de cada período de tempo. Assim, a fórmula de cálculo é: (NTOP / NTO) . 100 = X%.

O valor de X% será, então, arredondado e classificado de acordo com o seguinte critério, para cada período de tempo:

- Igual a 0%: sem qualquer importância;

- De 1% até 33%: de baixa importância;

- De 34% até 44%: importância moderadamente baixa;

- De 45% até 55%: importância moderada;

- De 56% até 66%: importância moderadamente alta;

- Acima de 67% até 99%: de alta importância;

- Igual a 100%: importância absoluta;

6.4.3.2. Hipótese

Em resposta a esse problema de pesquisa, surge como hipótese a afirmação: "**O momento indicado para a realização de práticas meditativas é (com importância acima de moderada) antes da sessão de Visão Remota.**"

O motivo está na necessidade de limpar a consciência das preocupações do dia-a-dia, assim como permitir maior concentração para a percepção das informações sobre o alvo. Aqui, poderia ser afirmado que a meditação pode ter papel relevante também durante a sessão, no caso de uma sessão com muitos *analytical overlays*, assim como depois, como forma de diminuição da ocorrência de bilocações ocorridas após as sessões. Contudo, a percepção de agilidade e praticidade exigida tornaria mais simples a meditação apenas como etapa inicial, de preparação, dentro do período conhecido como *cool down*.

## 7. ANÁLISE DOCUMENTAL

Inicia-se, então, o processo de coleta de dados dentre os documentos selecionados de acordo com os critérios anteriormente demonstrados.

Como etapa inicial, as figuras 2 e 3 apresentam os formulários de pesquisa preenchidos e os resultados de primeira página obtidos. Foram obtidos, assim, 43 documentos com título contendo a palavra "*protocol*" e um único documento contendo a palavra "*manual*".

**Figura 2 – Pesquisa pelo título "protocol" nos arquivos da coleção Stargate.**

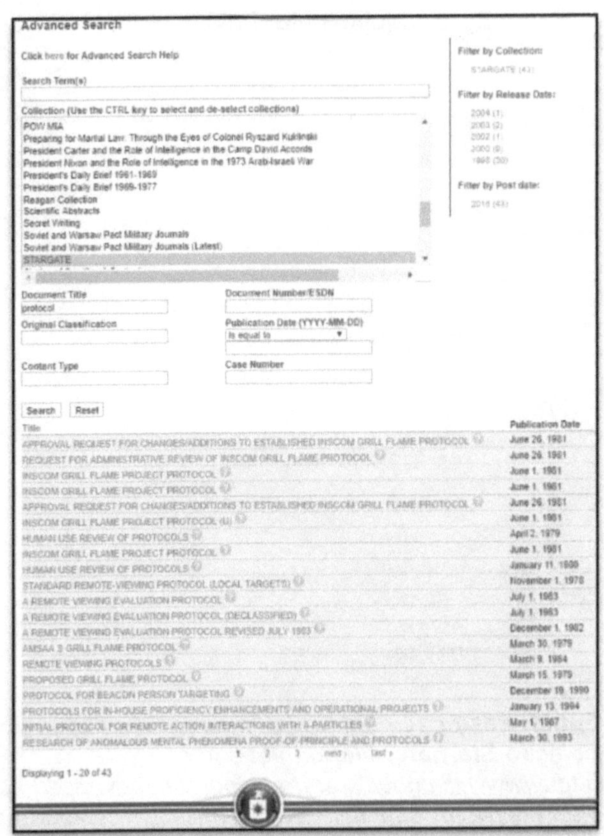

*Fonte: **Pesquisa pelo título "protocol" nos arquivos da coleção Stargate.** Disponível em: <https://www.cia.gov/library/readingroom/advanced-search-view?keyword=&im_field_collection%5B%5D=50&label=protocol&sm_field_document_number=&sm_field_original_classification=&ds_field_pub_date_op=%3D&ds_field_pub_date%5Bvalue%5D=&ds_field_pub_date%5Bmin%5D=&ds_field_pub_date%5Bmax%5D=&sm_field_content_type=&sm_field_case_number=>. Acesso em: 30 de maio de 2018.*

**Figura 3 – Pesquisa pelo título "manual" nos arquivos da coleção Stargate.**

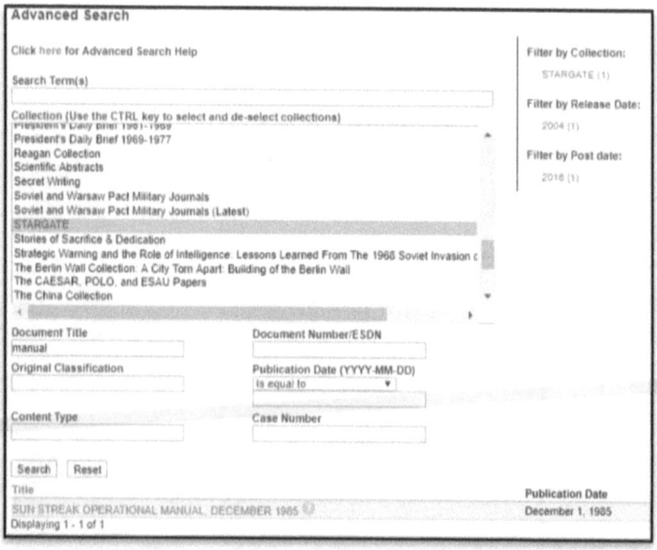

*Fonte: Pesquisa pelo título "manual" nos arquivos da coleção Stargate. Disponível em: <
https://www.cia.gov/library/readingroom/advanced-search-view?keyword=&im_field_collection%5B%5D=50&label=manual&sm_field_document_number=&sm_field_original_classification=&ds_field_pub_date_op=%3D&ds_field_pub_date%5Bvalue%5D=&ds_field_pub_date%5Bmin%5D=&ds_field_pub_date%5Bmax%5D=&sm_field_content_type=&sm_field_case_number=>. Acesso em 01 de junho de 2018.*

Constata-se, inicialmente, que os dois documentos mais conhecidos na área, de acordo com a observação bibliográfica, não estão incluídos de forma direta. Esses documentos são:

1. *"Co-ordinate Remote Viewing (CRV) Technology - 1981-1983 – Three-year Project"*[897] [898]: trata-se de documento escrito por Ingo Swann e utilizado como manual tanto pela SRI, quanto pelos militares em Fort Meade.

2. *"Coordinate Remote Viewing Manual"*[899]: trata-se de documento produzido por Paul H. Smith e publicado em 1986 pela DIA. É uma reedição do método Ingo Swann, nas palavras de seu ex-aluno.[900]

O primeiro documento não é classificado como protocolo ou manual, mas sim como *"training"*[901] (treinamento, em tradução livre) no livro de Edwin C. May (cientista já anteriormente citado) e que traz

---

[897] SMITH, Daz. **CRV – Controlled Remote Viewing: manuals, collected papers & information to help you learn this intuitive art.** p. 7.

[898] **Co-Ordinate Remote Viewing (CRV) Technology - 1981-1983 - Three-Year Project.** Disponível em: < https://www.cia.gov/library/readingroom/docs/CIA-RDP96-00788R001800100001-2.pdf >. Acesso em 05 de junho de 2018.

[899] SMITH, Paul. H. Ibidem. p. 316.

[900] Ibidem.

[901] MAY, C. Edwin. (Editor); MARWAHA, Sonali. Bhatt (Editor). **The Star Gate archives: reports of The United States government sponsored psi program, 1972-1995. Volume 1: Remote Viewing, 1972-1984.** Carolina do Norte: McFarland & Company, Inc., 2018. p. 385.

transcrição dos documentos do Projeto *Stargate*. O segundo documento não constou nas pesquisas, como demonstram as figuras X e X. Os termos pesquisados, mas não encontrados, e que constatam a ausência de tal documento foram: 1) "The Coordinate Remote Viewing Manual", título do manual; 2) Frase aleatória constante no documento: *"Something within which something else originates (...)"*[902] [903]. Isso não significa que, de forma absoluta, o documento não exista em alguma forma dentre aqueles presentes nos arquivos públicos, podendo ali figurar sem o devido reconhecimento de caracteres que permitiria uma pesquisa por palavras no sítio da CIA.

---

[902] SMITH, Daz. **CRV – Controlled Remote Viewing: manuals, collected papers & information to help you learn this intuitive art.** p. 126.
[903] **Coordinate Remote Viewing Training Manual.** Disponível em: <http://www.remoteviewed.com/files/CRV%20manual%20full.pdf>. Acesso em 05 de junho de 2018.

**Figura 4 – Pesquisa pelo termo "The Coordinate Remote Viewing Manual" nos arquivos da coleção Stargate.**

FOIA Category Search | Advanced Search | Search Help

**Advanced Search**

Click here for Advanced Search Help

Search Term(s)
"The Coordinate Remote Viewing Manual"

Collection (Use the CTRL key to select and de-select collections)

POW MIA
Preparing for Martial Law: Through the Eyes of Colonel Ryszard Kuklinski
President Carter and the Role of Intelligence in the Camp David Accords
President Nixon and the Role of Intelligence in the 1973 Arab-Israeli War
President's Daily Brief 1961-1969
President's Daily Brief 1969-1977
Reagan Collection
Scientific Abstracts
Secret Writing
Soviet and Warsaw Pact Military Journals
Soviet and Warsaw Pact Military Journals (Latest)
STARGATE

Document Title
Document Number/ESDN

Original Classification
Publication Date (YYYY-MM-DD)
is equal to

Content Type
Case Number

Search   Reset

Search found 0 items

FOIA
- "The Coordinate Remote Viewing Manual"

Search found 0 items

*Fonte: Pesquisa pelo termo "The Coordinate Remote Viewing Manual" nos arquivos da coleção Stargate.*
*Disponível em: <*
*https://www.cia.gov/library/readingroom/advanced-search-view?keyword=%22The+Coordinate+Remote+Viewing+Manual%22&im_field_collection%5B%5D=50&label=&sm_field_document_number=&sm_field_original_classification=&ds_field_pub_date_op=%3D&ds_field_pub_date%5Bvalue%5D=&ds_field_pub_date%5Bmin%5D=&ds_field_pub_date%5Bmax%5D=&sm_field_content_type=&sm_field_case_number=>. Acesso em 05 de junho de 2018.*

**Figura 5 – Pesquisa pelo termo *"Something within which something else originates"* nos arquivos da coleção Stargate.**

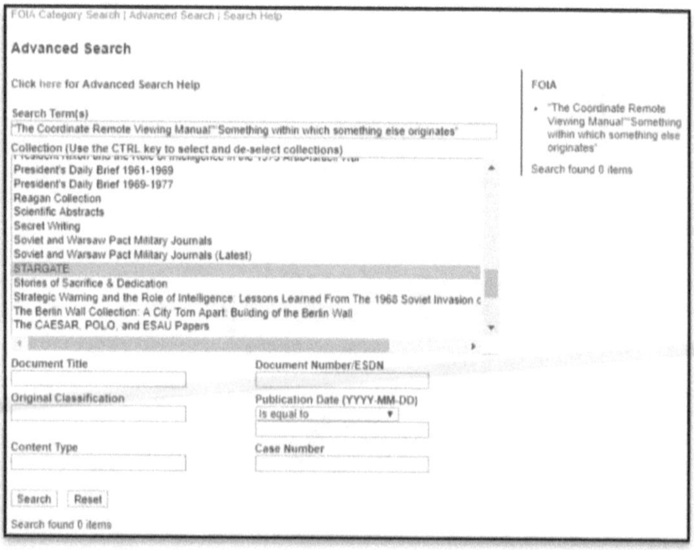

*Fonte: Pesquisa pelo termo "Something within which something else originates" nos arquivos da coleção Stargate. Disponível em:*
<https://www.cia.gov/library/readingroom/advanced-search-view?keyword=%22The+Coordinate+Remote+Viewing+Manual%22%E2%80%9CSomething+within+which+something+else+originates%E2%80%9D&im_field_collection%5B%5D=50&label=&sm_field_document_number=&sm_field_original_classification=&ds_field_pub_date_op=%3D&ds_field_pub_date%5Bvalue%5D=&ds_field_pub_date%5Bmin%5D=&ds_field_pub_date%5Bmax%5D=&sm_field_content_type=&sm_field_case_number=>. *Acesso em 05 de junho de 2018.*

## 7.1. CONTABILIDADE DOS DADOS

A tabela 4, a seguir, traz o agregado de dados coletados em meio aos documentos anteriormente selecionados.

**Tabela 4 – Resultado de pesquisa nos documentos selecionados do Projeto Stargate.**

| Documento | Comentário | Termos Contrários | Termos Favoráveis | Momento | Pontos |
|---|---|---|---|---|---|
| CIA-RDP96-00788R001300050001-3[904] | Protocolo | --- | "Do not let his mind wander"<br><br>"full attentive"<br><br>"Much needed attention" | Durante | 1 |
| CIA-RDP96-00788R001300070003-9[905] | Protocolo | --- | --- | --- | 0 |

---

[904] **Standard Remote-Viewing Protocol (Local Targets).** Disponível em: <https://www.cia.gov/library/readingroom/docs/CIA-RDP96-00788R001300050001-3.pdf>. Acesso em 05 de junho de 2018.
[905] **Proposed Grill Flame Protocol (U), Proposed Sri International Applied Remote Viewing Protocol (S).** Disponível em: < https://www.cia.gov/library/readingroom/docs/CIA-RDP96-00788R001300070003-9.pdf>. Acesso em 05 de junho de 2018.

| | | | | | |
|---|---|---|---|---|---|
| *CIA-RDP96-00788R 0013000 70001-1*[906] | *Cópia do docum ento CIA-RDP96 - 00788 R0013 000700 03-9.* | --- | --- | --- | *Não contabili zado.* |
| *CIA-RDP96-00788R 0017002 10082-2*[907] | *Mensa gem burocrá tica.* | --- | --- | --- | *0* |
| *CIA-RDP96-00788R 0011001 10001-8*[908] | *Mensa gem burocrá tica.* | --- | --- | --- | *0* |

---

[906] **Proposed Grill Flame Protocol, Proposed Sri International Applied Remote Viewing Protocol (S).** Disponível em: < https://www.cia.gov/library/readingroom/docs/CIA-RDP96-00788R001300070001-1.pdf>. Acesso em 05 de junho de 2018.
[907] **Amsaa S Grill Flame Protocol.** Disponível em: <https://www.cia.gov/library/readingroom/docs/CIA-RDP96-00788R001700210082-2.pdf>. Acesso em 05 de junho de 2018.
[908] **Human Use Review Of Protocols.** Disponível em: <https://www.cia.gov/library/readingroom/docs/CIA-RDP96-00788R001100110001-8.pdf>. Acesso em 05 de junho de 2018.

| | | | | | |
|---|---|---|---|---|---|
| *CIA-RDP96-00788R 0011004 40016-6*[909] | *Cópia do documento CIA-DRP96-00788R0011 001100 01-8.* | --- | --- | --- | *Não contabili zado.* |
| *CIA-RDP96-00788R 0013000 80001-0*[910] | *Protocolo* | --- | --- | --- | *0* |
| *CIA-RDP96-00788R 0013001 10001-6*[911] | *Protocolo* | --- | --- | --- | *0* |

---

[909] **Human Use Review Of Protocols.** Disponível em: <https://www.cia.gov/library/readingroom/docs/CIA-RDP96-00788R001100440016-6.pdf>. Acesso em 05 de junho de 2018.
[910] **Proposed Grill Flame Protocol: Task Ii, Proposed Sri International Protocol For Research On Remote Perturbation Techniques.** Disponível em: < https://www.cia.gov/library/readingroom/docs/CIA-RDP96-00788R001300080001-0.pdf>. Acesso em 05 de junho de 2018.
[911] **Proposed Grill Flame Protocol: Task Ii (S), Proposed Sri International Protocol For Research On Remote Perturbation Techniques (S).** Disponível em: < https://www.cia.gov/library/readingroom/docs/CIA-RDP96-00788R001300110001-6.pdf>. Acesso em 05 de junho de 2018.

| | | | | | |
|---|---|---|---|---|---|
| CIA-RDP96-00788R 0011004 40026-5[912] | Mensagem burocrática. | --- | --- | --- | 0 |
| CIA-RDP96-00788R 0011002 00008-1[913] | Mensagem burocrática. | --- | --- | --- | 0 |
| CIA-RDP96-00788R 0011002 00004-5[914] | Protocolo | --- | "Focus his attention" | Durante | 1 |
| CIA-RDP96-00788R 0011004 40061-6[915] | Cópia do documento CIA-RDP96-00788 R0011 002000 04-5. | --- | --- | --- | Não contabilizado. |
| CIA-RDP96-00788R 0011004 40060-7[916] | Mensagem burocrática. | --- | --- | --- | 0 |

| | | | | | |
|---|---|---|---|---|---|
| *CIA-RDP96-00788R 0011002 00003-6*[917] | *Cópia do documento CIA-RDP96-00788R0011 00440060-7.* | --- | --- | --- | *Não contabilizado.* |
| *CIA-RDP96-00788R 0012000 60017-6*[918] | *Mensagem burocrática.* | --- | --- | --- | *0* |

---

[912] **Human Use Review Of Protocols.** Disponível em: <https://www.cia.gov/library/readingroom/docs/CIA-RDP96-00788R001100440026-5.pdf>. Acesso em 05 de junho de 2018.

[913] **Approval Request For Changes/Additions To Established Inscom Grill Flame Protocol.** Disponível em: <https://www.cia.gov/library/readingroom/docs/CIA-RDP96-00788R001100200008-1.pdf>. Acesso em 05 de junho de 2018.

[914] **Inscom Grill Flame Project Protocol.** Disponível em: <https://www.cia.gov/library/readingroom/docs/CIA-RDP96-00788R001100200004-5.pdf>. Acesso em 05 de junho de 2018.

[915] **Inscom Grill Flame Project Protocol.** Disponível em: <https://www.cia.gov/library/readingroom/docs/CIA-RDP96-00788R001100440061-6.pdf>. Acesso em 05 de junho de 2018.

[916] **Inscom Grill Flame Project Protocol (U) .** Disponível em: < https://www.cia.gov/library/readingroom/docs/CIA-RDP96-00788R001100440060-7.pdf>. Acesso em 05 de junho de 2018.

[917] **Inscom Grill Flame Project Protocol.** Disponível em: <https://www.cia.gov/library/readingroom/document/cia-rdp96-00788r001100200003-6.pdf>. Acesso em 05 de junho de 2018.

[918] **Approval Request For Changes/Additions To Established Inscom Grill Flame Protocol.** Disponível em: <https://www.cia.gov/library/readingroom/docs/CIA-RDP96-00788R001200060017-6.pdf>. Acesso em 05 de junho de 2018.

| | | | | | |
|---|---|---|---|---|---|
| *CIA-RDP96-00788R 0011002 00005-4*[919] | *Mensa gem burocrá tica.* | --- | *"physically relax"*<br><br>*"mentally concentrate"* | *Durante* | *1* |
| *CIA-RDP96-00788R 0018000 50001-8*[920] | *Protoco lo* | --- | --- | --- | *0* |
| *CIA-RDP96-00788R 0018000 80001-5*[921] | *Cópia do docum ento CIA-RDP96-00788 R0018 000500 01-8* | --- | --- | --- | *Não contabili zado.* |

---

[919] **Request For Administrative Review Of Inscom Grill Flame Protocol.** Disponível em: < https://www.cia.gov/library/readingroom/docs/CIA-RDP96-00788R001100200005-4.pdf>. Acesso em 05 de junho de 2018.

[920] **A Remote Viewing Evaluation Protocol Revised July 1983.** Disponível em: < https://www.cia.gov/library/readingroom/docs/CIA-RDP96-00788R001800050001-8.pdf>. Acesso em 05 de junho de 2018.

[921] **A Remote Viewing Evaluation Protocol (Declassified).** Disponível em: < https://www.cia.gov/library/readingroom/docs/CIA-RDP96-00788R001800080001-5.pdf>. Acesso em 05 de junho de 2018.

| | | | | | |
|---|---|---|---|---|---|
| *CIA-RDP96-00788R0018000 90001-4*[922] | *Cópia do documento CIA-RDP96-00788R0018 00050001-8* | --- | --- | --- | *Não contabili zado.* |
| *CIA-RDP96-00788R0017002 10008-4* | *Mensa gem* | | *"Meditation"*<br><br>*"Attention withdrawn from the environment"*<br><br>*"foccussing of attention inward"*<br><br>*"Attention to task at hand"* | *Durante* | *1* |
| *CIA-RDP96-00789R0030004 30001-1*[923] | *Protoco lo* | --- | *"mental effort"* | *Durante* | *1* |

---

[922] **A Remote Viewing Evaluation Protocol.** Disponível em: < https://www.cia.gov/library/readingroom/docs/CIA-RDP96-00788R001800090001-4.pdf>. Acesso em 05 de junho de 2018.
[923] **Initial Protocol For Remote Action Interactions With A-Particles.** Disponível em: <

| | | | | | |
|---|---|---|---|---|---|
| *CIA-RDP96-00788R 0020002 40040-1*[924] | *Protoco lo* | *---* | *---* | *---* | *0* |
| *CIA-RDP96-00787R 0002001 30008-0*[925] | *Protoco lo* | *---* | *---* | *---* | *0* |
| *CIA-RDP96-00788R 0011002 00001-8*[926] | *Protoco lo* | *---* | *"Focussing his attention"* <br><br> *"Concentratin g"* <br><br> *"Relaxation"* | *Antes* <br><br> *Durante* | *1* |

https://www.cia.gov/library/readingroom/docs/CIA-RDP96-00789R003000430001-1.pdf>. Acesso em 05 de junho de 2018.

[924] **Proposed Grill Flame Protocol.** Disponível em: < https://www.cia.gov/library/readingroom/docs/CIA-RDP96-00788R002000240040-1.pdf>. Acesso em 05 de junho de 2018.

[925] **Suggested Protocol For Operational Remote-Viewing Exercise.** Disponível em: < https://www.cia.gov/library/readingroom/docs/CIA-RDP96-00787R000200130008-0.pdf>. Acesso em 05 de junho de 2018.

[926] **Proposed Grill Flame Protocol, Proposed Inscom Applied Remote Map Sensing Protocol.** Disponível em: < https://www.cia.gov/library/readingroom/docs/CIA-RDP96-00788R001100200001-8.pdf>. Acesso em 05 de junho de 2018.

| | | | | | |
|---|---|---|---|---|---|
| CIA-RDP96-00787R 000500400001-4[927] | Protocolo | "Imagination constitutes noise in the channel" | "pays attention to the environment"<br><br>"does not let his mind wander"<br><br>"full attentive powers" | Durante | 1 |
| CIA-RDP96-00787R 000300090001-1 | Protocolo | --- | "Visualization" | Durante | 1 |
| CIA-RDP96-00788R 001700210083-1[928] | Protocolo | --- | --- | --- | 0 |
| CIA-RDP96-00789R 001000450005-7[929] | Protocolo | --- | --- | --- | 0 |
| CIA-RDP96-00788R 001100080004-9[930] | Protocolo | --- | --- | --- | 0 |

| | | | | | |
|---|---|---|---|---|---|
| *CIA-RDP96-00787R 0007001 10017-7*[931] | *Protocolo* | --- | --- | --- | *0* |
| *CIA-RDP96-00789R 0027001 30008-1*[932] | *Protocolo* | --- | *"target focus"* | *Durante* | *1* |

---

[927] **Standard Remote-Viewing Protocol (Local Targets). Sri. Harold E. Puthoff And Russell Targ.** Disponível em: < https://www.cia.gov/library/readingroom/docs/CIA-RDP96-00787R000500400001-4.pdf>. Acesso em 05 de junho de 2018.

[928] **(S) Grill Flame Protocol (U) (S-Orcon) Amsaa Applied Remote Viewing Protocol (S-Orcon).** Disponível em: < https://www.cia.gov/library/readingroom/docs/CIA-RDP96-00788R001700210083-1.pdf>. Acesso em 05 de junho de 2018.

[929] **Schedule Protocol.** Disponível em: < https://www.cia.gov/library/readingroom/docs/CIA-RDP96-00789R001000450005-7.pdf>. Acesso em 05 de junho de 2018.

[930] **Grill Flame Protocol, Amsaa Applied Remote Viewing Protocol.** Disponível em: < https://www.cia.gov/library/readingroom/docs/CIA-RDP96-00788R001100080004-9.pdf>. Acesso em 05 de junho de 2018.

[931] **Suggested Protocol For Operational Remote-Viewing Exercise.** Disponível em: < https://www.cia.gov/library/readingroom/docs/CIA-RDP96-00787R000700110017-7.pdf>. Acesso em 05 de junho de 2018.

[932] **Protocol, Joint Communications Series.** Disponível em: < https://www.cia.gov/library/readingroom/docs/CIA-RDP96-00789R002700130008-1.pdf>. Acesso em 05 de junho de 2018.

| CIA-RDP96-00789R 001000330001-4[933] | Protocolo | --- | --- | --- | 0 |
|---|---|---|---|---|---|
| CIA-RDP96-00788R 002000230006-0[934] | Protocolo | --- | *"focussed their attention"* | Durante | 1 |
| CIA-RDP96-00792R 000500590002-7[935] | Protocolo | --- | *"Discrete state of consciousness"* *"focus intent""* | Durante | 1 |
| CIA-RDP96-00789R 003000350001-0[936] | Protocolo | --- | --- | --- | 0 |
| CIA-RDP96-00789R 003100140001-2[937] | Protocolo | --- | --- | --- | 0 |
| CIA-RDP96-00789R 003100130001-3[938] | Protocolo | --- | --- | --- | 0 |

| CIA-RDP96-00789R003100110001-5[939] | Protocolo | --- | *"Concentration"* | *Durante* | 1 |
|---|---|---|---|---|---|

[933] **Schedule Protocol.** Disponível em: < https://www.cia.gov/library/readingroom/docs/CIA-RDP96-00789R001000330001-4.pdf>. Acesso em 05 de junho de 2018.

[934] **Usamicon Program Directive & Protocol On Remote Perturbation Techniques.** Disponível em: < https://www.cia.gov/library/readingroom/docs/CIA-RDP96-00788R002000230006-0.pdf>. Acesso em 05 de junho de 2018.

[935] **Protocols For In-House Proficiency Enhancements And Operational Projects.** Disponível em: < https://www.cia.gov/library/readingroom/docs/CIA-RDP96-00792R000500590002-7.pdf>. Acesso em 05 de junho de 2018.

[936] **Research Of Anomalous Mental Phenomena Proof-Of-Principle And Protocols.** Disponível em: < https://www.cia.gov/library/readingroom/docs/CIA-RDP96-00789R003000350001-0.pdf>. Acesso em 05 de junho de 2018.

[937] **Anomalous Cognition In Lucid Dreams (Draft Technical Protocol).** Disponível em: <https://www.cia.gov/library/readingroom/docs/CIA-RDP96-00789R003100140001-2.pdf>. Acesso em 05 de junho de 2018.

[938] **Protocols For The Use Of Human Subjects.** Disponível em: <https://www.cia.gov/library/readingroom/docs/CIA-RDP96-00789R003100130001-3.pdf>. Acesso em 05 de junho de 2018.

[939] **Target And Sender Dependencies In Anomalous Cognition (Draft Technical Protocol).** Disponível em: < https://www.cia.gov/library/readingroom/docs/CIA-RDP96-00789R003100110001-5.pdf>. Acesso em 05 de junho de 2018.

| | | | | | |
|---|---|---|---|---|---|
| *CIA-RDP96-00789R 0031001 20001-4*[940] | *Cópia do documento CIA-RDP96-00789R0031 001100 01-5* | --- | --- | --- | *Não contabili zado.* |
| *CIA-RDP96-00789R 0031000 70001-0*[941] | *Protoco lo* | --- | *"relax with eyes closed"*<br><br>*"focussing attention"*<br><br>*"concentrate"*<br><br>*"passive attention"*<br><br>*"active attention"* | *Durante* | *1* |
| *CIA-RDP96-00789R 0021000 40001-4*[942] | *Protoco lo* | --- | *"concentrate"*<br><br>*"relaxation"*<br><br>*"pays attention"*<br><br>*"not let his/her mind wander" "* | *Antes*<br><br>*Durante* | *1* |

---

[940] **Target And Sender Dependencies In Anomalous Cognition (Draft Technical Protocol).** Disponível em: <

| CIA-RDP96-00789R 0029000 70001-3[943] | Protocolo | --- | --- | --- | 0 |
|---|---|---|---|---|---|
| CIA-RDP96-00789R 0026001 80009-6[944] | Capa (apenas) | --- | --- | --- | Não contabilizado. |


https://www.cia.gov/library/readingroom/docs/CIA-RDP96-00789R003100120001-4.pdf>. Acesso em 05 de junho de 2018.

[941] **Technical Protocol For The Meg Investigation.** Disponível em: <https://www.cia.gov/library/readingroom/docs/CIA-RDP96-00789R003100070001-0.pdf>. Acesso em 05 de junho de 2018.

[942] **Protocol For Beacon Person Targeting.** Disponível em: <https://www.cia.gov/library/readingroom/docs/CIA-RDP96-00789R002100040001-4.pdf>. Acesso em 05 de junho de 2018.

[943] **Operational Project Protocols.** Disponível em: <https://www.cia.gov/library/readingroom/docs/CIA-RDP96-00789R002900070001-3.pdf>. Acesso em 05 de junho de 2018.

[944] **Protocols For In-House Proficiency Enhancements And Operational Projects.** Disponível em: <https://www.cia.gov/library/readingroom/docs/CIA-RDP96-00789R002600180009-6.pdf>. Acesso em 05 de junho de 2018.

| CIA-RDP 96-0078 9R00 1100 0200 01-7[945] | Manual | *"Minimizing imaginative embellishm ent"* | *"Discrete state"* | *Durante* | *0* |
|---|---|---|---|---|---|
| **Contabilidade final:** <br> *- 44 documentos totais.* <br> *- 8 documentos não considerados.* <br> *- 36 documentos válidos.* <br> *- 14 pontos (ocorrência positivas)* | | | | | |

Com os documentos analisados e os dados coletados, parte-se, no período seguinte, à análise dos dados em busca das respostas exigidas por esta pesquisa.

## 7.2. ANÁLISE DOS RESULTADOS

A seguir, os dados anteriormente coletados serão analisados em busca da comprovação ou refutação das três hipóteses apresentadas para os problemas de pesquisa específicos. O resultado

---

[945] **Sun Streak Operational Manual, December 1985.** Disponível em: <https://www.cia.gov/library/readingroom/docs/CIA-RDP96-00789R001100020001-7.pdf>. Acesso em 05 de junho de 2018.

conjunto configurará a resposta final para o problema de pesquisa central.

### 7.2.1. Primeiro Problema Específico de Pesquisa

Quanto aos critérios referentes ao problema específico de pesquisa: "**Qual a importância das práticas meditativas nos protocolos de Visão Remota?**", os dados obtidos serão, a seguir, sequencialmente processados:

I.  14 pontos de ocorrências positivas em meio a 36 documentos;

II.  Aplicando-se a fórmula (NTO / NTD) . 100 = X% têm-se:

    a. (14 / 36) . 100 = 38,88%

    b. Após arredondamento, têm-se o valor final de 39% de ocorrências positivas.

III.  De acordo com os critérios que abrangem os valores entre 34% e 44%, têm-se que:

    a. As práticas meditativas possuem importância **moderadamente baixa** dentro dos documentos pesquisados.

Tal resultado contradiz a hipótese aqui defendida, tornando falsa a afirmação que está presente na frase: "As práticas meditativas possuem importância baixa para a Visão Remota no âmbito dos documentos do Programa Stargate".

### 7.2.2. Segundo Problema Específico de Pesquisa

Quanto aos critérios referentes ao segundo problema específico de pesquisa: **"Quais os elementos comuns das práticas meditativas encontradas e em que modelo podem ser enquadrados?"**, os dados obtidos serão, a seguir, separados, tabelados e processados:

Os trinta e três (33) termos registrados, agregados das palavras que os contextualizam, foram: *"Do not let his mind wander"; "Full attentive"; "Much needed attention"; "Focus his attention"; "Physically relax"; "Mentally concentrate"; "Meditation"; "Attention withdrawn from the environment"; "Foccussing of attention inward"; "Attention to task at hand"; "Mental effort"; "Focussing his attention"; "Concentrating"; "Relaxation"; "Pays attention to the environment"; "does not let his mind wander"; "Full attentive powers"; "Visualization"; "target focus"; "focussed their attention"; "Discrete state of consciousness"; "focus intent"; "Concentration"; "relax with eyes closed"; "focussing attention"; "concentrate"; "passive attention"; "active attention"; "concentrate"; "relaxation"; "pays attention"; "not let his/her mind wander"; "Discrete state".*

Como etapa seguinte, os termos serão agrupados (neste ponto, frases semelhantes serão agrupadas apenas em um item), contabilizados e classificados.

**Tabela 5 – Tabela de agrupamento dos termos coletados**

| Termos (agregados) | Repetiçõ es | Classificaç ão |
|---|---|---|
| "Do not let his mind wander" | 3 | Fixação |
| "Full attentive" | 2 | Fixação |
| "Focus his attention" | 8 | Fixação |
| "Relaxation" | 4 | Físico |
| "Concentration" | 5 | Fixação |
| "Meditation" | 1 | Mental |
| "Attention withdrawn from the environment" | 1 | Mental |
| "Foccussing of attention inward" | 1 | Mental |
| "Mental effort" | 1 | Fixação |
| "Visualization" | 1 | Visualizaçã o |
| "Discrete state of consciousness" | 2 | Devocional |
| "Focus intent"" | 1 | Visualizaçã o |

| "Passive attention" | 1 | Harmonizaç ão |
|---|---|---|
| "Active attention" | 1 | Fixação |
| "Pays attention to the environment" | 1 | Harmonizaç ão |

Dessa forma, a contabilidade das classificações registra os seguintes números:

**Tabela 6 – Classificação dos elementos de meditação**

| *Classificação* | *Quantidade* |
|---|---|
| Fixação | 20 |
| Físico | 4 |
| Mental | 3 |
| Visualização | 2 |
| Devocional | 2 |
| Harmonização | 2 |

**Figura 6 – Gráfico com a distribuição dos elementos de meditação**

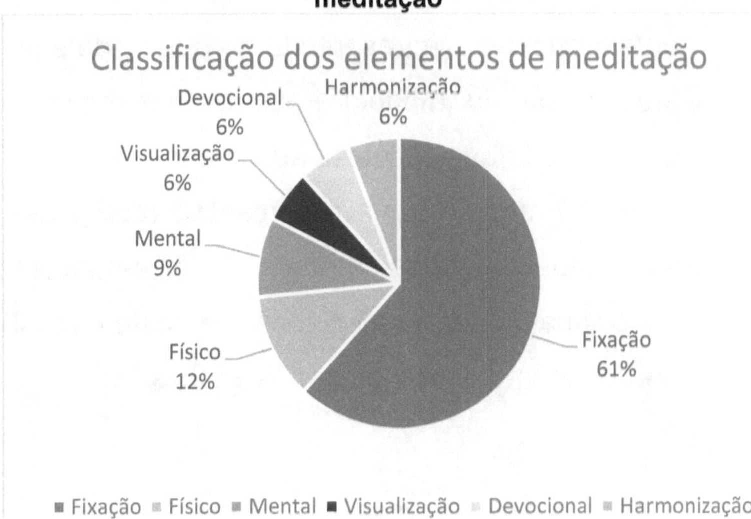

Os elementos de fixação (61%), juntamente com devocionais (6%) e visualizações (6%) somam 73% dos dados analisados. Tal predominância indica que o tipo de meditação conhecida como **Passiva Concentrativa** é a de maior relevância neste estudo. Os demais dados coletados somam 27% e ocupam o segundo lugar na categoria ampla e pouco definida de **Técnicas Mistas**. Em terceiro lugar, voltando às categorias mais bem delimitadas, pode-se afirmar que se encontra a meditação de tipo **Passiva Perceptiva**, composta por elementos devocionais (6%) e de harmonização (6%), totalizando 12% dos dados analisados.

Tal resultado está em desacordo com a hipótese anteriormente apresentada, que defendia a prevalência do modelo Passivo Perceptivo. Assim, provou-se **falsa** a hipótese aqui defendida, presente na frase: "O modelo passivo perceptivo (composto pelos elementos: pós-catarse, pós-concentração, devocionais, de harmonização e testemunhal) é o predominante dentre os dados analisados".

### 7.2.3. Terceiro Problema Específico de Pesquisa

Quanto aos critérios referentes ao problema específico de pesquisa: "**Em que momento da sessão de Visão Remota são indicadas as práticas meditativas?**", os dados obtidos serão, a seguir, sequencialmente processados:

I. De 17 ocorrências:

    a. 15 possuem referência ao período de tempo "durante";

    b. 2 possuem referência ao período de tempo "antes";

    c. 0 possuem referência ao período de tempo "depois";

II. Aplicando-se aos três períodos a fórmula (NTOP / NTO) . 100 = X% têm-se:

    a. (15 / 17) . 100 = 88,23%.

        i. Arredondado para 88% para o período "durante" e representando importância "alta".

    b. (2 / 17) . 100 = 11,76%.

  i. Arredondado para 12% para o período "antes" e representando "baixa importância"; e

  c. 0% para o período "depois", representando o enquadramento de "sem qualquer importância".

Esses dados também contradizem a hipótese apresentada anteriormente, presente na frase: "O momento indicado para a realização de práticas meditativas é (com importância acima de moderada) antes da sessão de Visão Remota." Assim, tal hipótese torna-se falsa.

## 7.3. RESULTADO FINAL

Como resultado final da pesquisa, apreende-se que todas as hipóteses para os problemas de pesquisa específicos foram refutadas. Listam-se, então, as hipóteses originais em confronto com os resultados obtidos após a análises.

**Tabela 7 – Comparação entre hipóteses iniciais e resultados finais**

|  | **Problema Específico 1** | **Problema Específico 2** | **Problema Específico 3** |
|---|---|---|---|
| **Problema específico** | *Qual a importância das práticas meditativas nos protocolos de Visão Remota?* | *Quais os elementos comuns das práticas meditativas encontradas e em que modelo podem ser enquadrados ?* | *Em que momento da sessão de Visão Remota são indicadas as práticas meditativas ?* |
| **Hipótese original** | *As práticas meditativas possuem importância baixa para a Visão Remota no âmbito dos documentos do Programa Stargate.* | *O modelo passivo perceptivo (composto pelos elementos: pós-catarse, pós-concentração, devocionais, de harmonizaçã o e testemunhal) é o predominante dentre os dados analisados.* | *O momento indicado para a realização de práticas meditativas é (com importância acima de moderada) antes da sessão de Visão Remota.* |
| **Hipótese Confirmada ?** | *Não* | *Não* | *Não* |
| **Resposta final** | *As práticas meditativas possuem* | *O modelo passivo concentrativo* | *O momento indicado para a* |

| | | |
|---|---|---|
| | *importância moderadament e baixa para a Visão Remota no âmbito dos documentos do Programa Stargate.* | *(composto pelos elementos: devocionais, sonoros, de fixação, de visualização e naturais) é o predominante dentre os dados analisados.* | *realização de práticas meditativas é (com alta importância ) durante da sessão de Visão Remota.* |

Compondo as três respostas para os problemas específicos em uma única resposta para o problema central, têm-se:

Tabela 8 – Problema central de pesquisa e o resultado final da investigação

| **Problema central de pesquisa** | *Qual a importância das práticas meditativas para a Visão Remota no âmbito do Programa Stargate e quais suas características?* |
|---|---|
| **Resposta composta para o problema central de pesquisa** | *As práticas meditativas possuem importância moderadamente baixa para a Visão Remota no âmbito do Programa Stargate, tendo como características a predominância do modelo passivo concentrativo (composto pelos elementos: devocionais, sonoros, de fixação, de visualização e naturais) com realização durante as sessões de Visão Remota (com alta importância).* |

## 8. CONCLUSÃO

Após a coleta e análise dos dados, assim como da verificação das hipóteses inicialmente sugeridas, é possível realizar observação retrospectiva sobre todo o estudo aqui realizado.

Inicialmente, no segundo capítulo, foi apresentado o tema da Parapsicologia, essencial para a compreensão do campo em que a Visão Remota pode ser estudada cientificamente e também para a percepção, por parte dos mais céticos, de que tal tema é levado a sério e estudado por diversos cientistas ao longo da história. A Parapsicologia incorpora e supera, muitas vezes, as noções estritamente religiosas, ocultistas ou místicas sobre fenômenos que ultrapassam a capacidade explicativa da ciência moderna. Importante também a percepção de que, da mesma forma como muitos fenômenos, como a Visão Remota, ainda hoje permanecem sem uma explicação adequada, diversos outros que formam nosso cotidiano no século XXI já foram considerados impossíveis. Pode-se imaginar que as tecnologias de comunicação sem fio, hoje em dia tão comuns, não seriam tratadas com menos espanto que a Visão

Remota no início do século XX. Este capítulo também permitiu a apresentação de termos e conceitos que seriam mais à frente utilizados de forma corrente, assim como a compreensão das bases e organizações que fundamentariam e abrigariam os próprios estudos que levaram à criação da Visão Remota por Ingo Swann.

O terceiro capítulo iniciou os estudos sobre espionagem governamental e quais os parâmetros históricos e técnicos que criaram a ciência da Inteligência, que visa a extração de informações mantidas em sigilo por governos estrangeiros (ou nacionais vistos como inimigos), utilizando qualquer método possível e quase sempre beirando a ilegalidade ou mesmo permitindo o uso de ações flagrantemente criminosas e que precisaram e precisarão ser mantidas em segredo, talvez para sempre, por governos de todos os tipos e ideologias, em todo o mundo. A compreensão da área de Inteligência foi nada menos que fundamental para o correto entendimento das motivações e métodos que seriam utilizados durante a guerra subterrânea entre os Estados Unidos da América e a União Soviética durante o período pós Segunda Guerra Mundial. Foi dada atenção especial aos órgãos de Inteligência estadunidenses, com breve história da CIA e da DIA, assim como de suas ações durante o período da Guerra Fria. O capítulo sobre Inteligência aparece em seguida àquele de parapsicologia por utilizar-se de alguns de seus fundamentos ao trazer à tona parte da história de grupo de espionagem soviético que utilizava paranormais e um tipo próprio e diferenciado de Visão Remota, profundamente baseado em capacidades psíquicas excepcionais de alguns sujeitos especialmente dotados e no fenômeno da clarividência.

O quarto capítulo traz o tema central a ser explorado: a Visão Remota. O texto expôs, da forma mais ampla possível e utilizando-se de número grande de fontes, a história do nascimento da Visão Remota por meio da aplicação de ideias de Ingo Swann a estudos científicos sobre experiência fora do corpo, assim como seu desenvolvimento dentro do âmbito de organização de pesquisa financiada pela CIA e com objetivos não puramente científicos, mas principalmente pragmáticos: obter informações mantidas em segredo pelos soviéticos. O desenvolvimento da história da Visão Remota sob âmbito da CIA e da DIA deu-se de forma estendida, passando pelos principais visualizadores remotos civis e por todos os diferentes programas que foram desenvolvidos desde o âmbito civil até passar às mãos dos militares. Como explanado no momento adequado, os esforços de Visão Remota foram cancelados e retomados em diversos momentos, tendo de enfrentar dificuldades burocráticas recorrentes para convencimento de autoridades congressionais e militares. Além de tais dificuldades estruturais, houve também conflitos internos, de maior ou menor intensidade, entre visualizadores remotos, especialmente acerca de modificações aos métodos tradicionais, baseados nas formulações de Ingo Swann. Tais modificações do método CRV permitiram a elevação de tensões e a baixa na qualidade do ambiente em que se encontravam os visualizadores remotos, desmotivando as equipes e levando à sua fragmentação. Tal fragilidade, especialmente constatada no início da década de 1990, somada ao excesso de demanda sobre poucos visualizadores remotos e falta de pessoal para repor os que saíam, levou a baixo rendimento e resultados declinantes. Apenas esses resultados do "último período" foram explorados por um único avaliador (de dois), sob contrato da CIA, para sugerir o fim do programa de Visão Remota. Tendo trazido ao conhecimento o tema que contém os dados a serem investigados, o capítulo quinto traz o objeto a ser pesquisado em meio aos documentos disponibilizados pela CIA em seu sítio oficial. A meditação é, então, explorada com um olhar abrangente e permissivo, evitando reduzi-la a um único modelo ou mesmo a um grupo limitado de modelos, sejam religiosos ou não. O trecho histórico foi particularmente reduzido, devendo-se isso a dois problemas encontrados: a) baixa quantidade de livros sobre a evolução histórica da meditação como um todo, nas mais diferentes correntes; b) necessidade de se encontrar tal informação em fontes sobre cada uma das correntes que adota práticas meditativas. O conhecimento sobre a evolução histórica da meditação encontra-se, ao que pôde ser constatado de forma empírica durante o período de pesquisa, espalhado em fragmentos a serem colhidos por meio de estudos amplos que compreenderiam dezenas de variações religiosas ou meditações laicas surgidas em contextos e ambientes distintos. O capítulo, após tal momento retrospectivo, passa superficialmente pelas mais diferentes vertentes, agrupadas em grandes conjuntos e procurando pontos centrais de cada um. Ao final, foi apresentado o modelo de Roberto Cardoso, que é estruturado e metódico o suficiente para colocar ordem em meio à floresta de formas de meditação. Tal modelo, em conjunção com a exposição anterior e conceituais diversas sobre meditação, permitiu a criação dos limites necessários para a análise dos dados a serem coletados.

O capítulo seis apresentou os limites científicos para a análise. Os documentos foram limitados àqueles disponibilizados pelo sítio da CIA, dentro da coleção *Stargate* e até o mês de junho de 2018. A análise deu-se de forma quantitativa, por meio da verificação de termos (e suas variações) em meio aos documentos (análise de conteúdo). Foram, também, apresentados os limites e procedimentos técnicos a serem seguidos para a coleta, separação, classificação e análise dos dados. Além do questionamento central da pesquisa, foram apresentadas as três perguntas auxiliares que permitiram coleta e tratamento de dados organizada e racional, permitindo a observação de cada um dos pontos pesquisados de forma bem organizada.

Por fim, o capítulo sete executou os ritos previstos no capítulo anterior e mostrou e negativa das hipóteses apresentadas inicialmente. A resposta ao problema central de pesquisa foi, então: "As práticas meditativas possuem importância moderadamente baixa para a Visão Remota no âmbito do Programa Stargate, tendo como características a predominância do modelo passivo concentrativo (composto pelos elementos: devocionais, sonoros, de fixação, de visualização e naturais) com realização durante as sessões de Visão Remota (com alta importância)."

Em relação ao uso limitado de referências a práticas meditativas, ela se explicaria pelos seguintes argumentos: a) os documentos analisados foram protocolos e manuais, neles predominando recomendações genéricas, de uso amplo para todos os visualizadores remotos a serem selecionados. A imposição de uma prática meditativa específica limitaria ainda mais o número já baixo de pessoas aptas a aderirem ao programa secreto; b) Não é possível alegar que havia desconhecimento da equipe da SRI em relação às práticas de controle mental orientais, especialmente quando Paul H. Smith[946] afirma que as aulas conceituais de Ingo Swann eram baseadas em estudos aprofundados sobre temas envolvendo a consciência e Parapsicologia. Assim, surge a possibilidade do termo "meditação" (ou similar) ter sido ocultado de forma deliberada, possivelmente para evitar algum peso ideológico e subsequentes atritos com agentes burocráticos ou políticos, que periodicamente tinham que reaprovar a continuidade do programa; c) Também não é possível alegar preconceito das equipes militares contra práticas do tipo, especialmente considerando que tornou-se obrigatória, por longo período, a viagem e o treinamento do Instituto Monroe. Ou seja: é possível que, novamente, preocupações burocráticas tenham censurado os termos utilizados em tais documentos. d) os objetivos ideais para os militares em relação ao programa, que eram no sentido de permitir o treinamento rápido e fácil dos visualizadores remotos, podem ter tornado desaconselhada a presença de referências a práticas meditativas a serem treinadas por longos períodos até seu aperfeiçoamento. Em suma, é possível afirmar que uma mistura de medo

---

[946] SMITH, Paul. H. Ibidem.

burocrático e necessidade de flexibilidade e redução de fatores impeditivos ao recrutamento de candidatos tenha sido a razão de não haver número elevado de referências a práticas meditativas. De acordo com Paul H. Smith, citando Ingo Swann,

> "nós nunca usamos a palavra 'psíquico' nos shows de cães e pôneis de Washington. Nós tínhamos que retreinar, que reeducar o povo em Washington a pensar nisso como sendo percepção. E nós nunca tivemos qualquer problema falando com aquelas pessoas. Eles diziam, 'Ah, tudo bem – isso não é psíquico, então. Isso é percepção."[947] [Tradução livre]

O fracasso da hipótese aqui apresentada inicialmente deu-se por superestimar essa autocensura dos pesquisadores e burocratas envolvidos diretamente na pesquisa, sendo que a realidade se mostrou até mais amena do que o inicialmente esperado.

Em relação ao modelo passivo concentrativo, é possível afirmar que a resposta está dentro do esperado, sendo predominantes as referências (por

---

[947] Tradução livre para: "We never used the word "psychic" in the Washington dog and pony shows. We had to retrain, to reeducate the people in Washington to think of it as perception. And we never had any problem talking to these people. They said, "Ah, well—this isn't psychic, then. This is perception.". SWANN, Ingo. In: SMITH, Paul. H. Ibidem. p. 170.

parte dos *remote viewers* que trazem relatos em seus livros) à Visão Remota realizada em ambiente controlado, sem movimentação excessiva ou até com visualizadores deitados em estado de relaxamento. A hipótese aqui apresentada falhou ao determinar, dentre os tipos de meditações passivas, os elementos adequados. Acreditava-se que o foco seria nos elementos mentais internos, mas o elemento "fixação" apresentou elevado número de ocorrências.

Já em relação ao momento da prática meditativa, acreditava-se inicialmente que ela aconteceria antes das sessões, em alusão a um tipo de benefício de um estado de relaxamento e mente tranquila. Contudo, os dados demonstraram que elas ocorriam durante as sessões de Visão Remota. Novamente, o elemento de "fixação" é o responsável conceitual de tal resultado. Isso está em sintonia com os relatos, que dão conta dos visualizadores remotos predominantemente agirem como se estivessem em uma conversa normal, sem o aspecto "sobrenatural" esperado de uma sessão do tipo. Um exemplo está no relato de um Senador ao observar uma sessão ao vivo:

> "'Para dizer a verdade,' ele disse de forma direta, "Estou totalmente desimpressionado. Eu vim aqui

> esperando ver o que vocês realmente fazem e quem realmente são. Tudo o que vi foram dois soldados sentados à mesa, fumando e rindo, e, vez por outra, um deles escrevia algo."[948] [Tradução livre]

Por fim, ressalta-se que este estudo foi apenas um primeiro movimento nesse sentido explorativo. Ainda existem centenas de documentos a serem explorados em outros estudos a fim de determinar-se de forma mais aprofundada o papel da meditação em tal contexto. Além disso, muitos documentos não foram até hoje divulgados e é possível que mais livros com relatos de *remote viewers* surjam, sendo esses próprios livros outras fontes de exploração potencial em busca do mesmo objetivo. Lembra-se que isso diz respeito apenas ao que ocorreu nos EUA, sendo que os soviéticos também possuíam programas com objetivos similares (mas tecnicamente independentes), assim como possivelmente outros países também podem possuir programas do gênero (como existem dados superficiais sobre visualizadores remotos

---

[948] Tradução livre para: ""To tell the truth," he said flatly, "I'm totally underwhelmed. I came here wanting to see what you people really do, and who you really are. All I saw was two soldiers sitting at a table, smoking and joking, and every now and then one of them wrote something down."". BUCHANAN, Lyn. Ibidem. p. 34.

chineses – onde alega-se que apenas crianças eram usadas, talvez por possuírem capacidade psíquica desimpedida que adultos formados)[949] [950], incluindo, quem sabe, o próprio Brasil.

---

[949] MARRS, Jim. Ibidem.
[950] DONG, Paul.; RAFFILL, Thomas. E. **China's super psychics.** Nova York: Marlone & Company, 1997.

# 9. BIBLIOGRAFIA

## 9.1. LIVROS


ANDREGG, Michael. Intelligence Ethics. In: JOHN, Loch K. (Editor) **Handbook of Intelligence studies.** Reino Unido: Routledge, 2006.

ARAÚJO, Raminundo Teixeira de. História Secreta dos Serviços de Inteligência. São Luís: Ed. Do autor, 2004. Resenha de: FARIAS, Regina Marques Braga. **Revista Brasileira de Inteligência.** Brasília: Abin, v.2, pp. 85-89, 2005.

BAIN, Donald. **The control of Candy Jones.** Chicago: Play-boy Press, 1976. [Versão Kindle]

BAYLIS, John; SMITH, Steve. **The globalization of world politics: an introduction to International Relations.** 3ª Ed. Oxford: Oxford University Press, 2006.

BOWART, Walter. **Operation mind control.** Estados Unidos da América: Dell Publishing Co., 1978.

BUCHANAN, Lyn. **The seventh sense: the secrets of remote viewing as told by a 'psychic spy' for the U.S. Military.** Nova York: Pocket Books, 2009. [Versão Kindle]

CARDOSO, Roberto de Souza.; SOUZA, Eduardo. de.; CAMANO, Luiz. LEITE, José. Roberto. Meditation in health: an operational definition. **Brain research protocols.** Vol. 14. 2004. p. 58–60.

CARDOSO, Roberto. **Medicina e meditação: um médico ensina a meditar.** 3ª. Ed. São Paulo: MG Editores, 2011. [Versão Kindle]

CARMICHAEL, Scott W. **Unconventional method.** Estados Unidos: Kindle, 2014. [Versão Kindle]

CEPIK, Marco A. C. **Espionagem e democracia.** Rio de Janeiro: Editora FGV, 2003.

CERVO, Amado Luiz. **Relações Internacionais da América Latina: velhos e novos paradigmas.** Brasília: IBRI, 2001.

CERVO, Amado Luiz; BUENO, Clodoaldo. **História da política exterior do Brasil.** 2ª Edição. Brasília: Editora Universidade de Brasília, 2002.

CHASE, Alston. **Harvard and the Unabomber: the education of an american terrorist.** Nova York: W. W. Norton & Co Inc, 2003.

COLE, W. Owen.; SAMBHI, Piara Singh. **A Popular dictionary of sikhism.** Londres e Nova York: RoutledgeCurzon, 2005.

CROSS, F. L. (Editor); LIVINGSTONE, E. A. (Editor). **The Oxford dictionary of the christian church.** Oxford e Nova York: Oxford University Press, 1997.

DAMES, Edward A. **Tell me what you see: remote viewing cases from world's premier psychic spy.** Nova Jersey: John Wiley & Sons, 2011.

DONG, Paul.; RAFFILL, Thomas. E. **China's super psychics.** Nova York: Marlone & Company, 1997.

EBON, Martin. **A history of Parapsychology.** Nova York: Cosimobooks, 2015. (Psychic Exploration) [Versão Kindle]

EMERSON, Staven. **Secret warriors: inside the covert military operations of the Reagan era.** Nova York: G. P. Putnam's Sons, 1988.

FOHR, Sherry. **Jainism: a guide for the perplexed.** Londres e Nova York: Bloomsbury Academic, 2015.

FOREM, Jack. **Transcendental meditation: the classic text revised and updated.** Carlsbad, Nova York, Londres, Sydney, Johannesburg, Vancouver, Hong Kong e Nova Delh: Hay House, 1973.

GALIMBERTI, Umberto. **Dicionário de Psicologia.** São Paulo: Edições Loyola, 2010.

GIBBON, Edward. **The decline and fall of the roman empire.** [MP3] EUA: Audio Conoisseur, 2008.

__________ **Parapsychology.** In: CARTERETTE, Edward C.; FRIEDMAN, Morton P. **Perceptual Ecology.** Nova York: Academic Press, 1978. (Handbook of Perception, volume 10). pp. 385-409.

GOLDMAN, Jan. **Words of Intelligence: a dictionary.** Maryland; Toronto; Oxford: The Scarecrow Press, 2006.

GOLE, Michael; GRAHAM, Jim; HIGTO, Tony. LEWIS, David. **What is The New Age? A detailed candid look at this fast growing movement.** Londres, Sydney, Auckland e Toronto: Hodder and Stoughton, 1990.

GRILL, Peter. Knowing The Self, Knowing The Other. JOHN, Loch K. (Editor) **Handbook of Intelligence studies.** Reino Unido: Routledge, 2006.

GROF, Stanislav.; BENNETT, Hal Zina. **The holotropic mind: the three levels of human consciousness and how they shape our lives.** Nova York: HarperSanFrancisco, 1993.

GUEDES, Lucas Carlos. A mãe das Inteligências. **Revista Brasileira de Inteligência.** Brasília: Abin, v.2,  pp. 21-35, 2006.

HARTZ, Paula; O'BRIEN, Joanne (Editor); PALMER, Martin (Editor). **Baha'i faith.** 3ª Ed. Nova York: Chelsea House Publishers, 2009. (World Relgions)

HELLER, Rick. **Secular meditation: 32 practices for cultivating inner peace, compassion, and joy - a guide from the humanist community at Harvard**Novato: New World Library, 2015.

HERMAN, Michael. Intelligence Services in the Information Age: Theory and Practice. Londres: Frank Class, 2001. Resenha de: CEPIK, Marco Aurélio C.; Serviços de Inteligência na Era da Informação? **Revista de Sociologia e política**, Nº 18, p. 153-155, 2001.

HERMOSILLA, Juan Carlos Herrera. **Breve historia del espionaje.** Madri: Ediciones Nowtillus, 2012. [Versão Kindle]

HUGHES, Thomas Patrick. **A dictionary of islam: being a cyclopedia of the doctrines, rites, ceremonies, and customs, together with the technical and theological terms, of the**

**muhammadan religion.** Nova York: Scribner Welford, 1885.

INARDI, Massimo. **A história da Parapsicologia.** Trad. A. J. Pinto Ribeiro. Lisboa: Edições 70, 1979.

IOVINE, John. **Digital Kirlian photography: a photographer's guide to shooting spetacular Kirlian photographs that command attention.** Nova York: Images Si, Inc, 2016.

IRWIN, J. Harvey; WATT, Caroline A. **An introduction to Parapsychology.** 5º ed. Carolina do Norte: McFarland & Company, 2007, [Versão Kindle].

JACOBSEN, Annie. **Phenomena: the secret history of the U.S. government's investigation into extrasensory perception and psychokinesis.** Nova York: Little, Brown and Company, 2017. [Versão Kindle]

______________ **The Pentagon's brain: an uncensored history of DARPA, america's top secret military research agency.** Nova York, Boston e Londres: Little, Borwn and Company, 2015. [Versão Kindle]

JATOBÁ, Daniel; LESSA, Antonio Carlos (Coord.); OLIVEIRA, henrique Altemani de (Coord.); **Teoria das Relações internacionais.** São Paulo: Saraiva, 2013. (Temas Essenciais em R.I. vol. 2)

JOHN, Loch K. (Editor) **Handbook of Intelligence studies.** Reino Unido: Routledge, 2007.

JOHNSON, Willard. **Riding the ox home: a history of meditation from shamanism to science.** Boston: Beacon Press, 1987.

JONES, Constance. A.; RYAN, James. D. **Encyclopedia of hinduism.** Nova York: Facts on File, 2007. (Encyclopedia of World Religions)

LEWIS, James R. **Withcraft today: an encyclopedia of wiccan and neopagan traditions.** Santa Barbara: ABC-CLIO, 1999.

LOCHTEFELD, James G. **The illustrated encyclopedia of hinduism.** Vol 1. Nova York: The Rosen Publishing Group, 2002.

LONG, Jeffery D. **Jainism: an introduction.** Londres e Nova York: I.B. Tauris, 2009. (I.B.Tauris Introductions to Religion)

MARCONI, Maria de Andrade.; LAKATOS, Eva Maria. **Metodologia científica.** 7ª. Ed. São Paulo: Atlas, 2017.

MARRS, Jim. **Psi spies: the true story of america's psychic warfare program.** Nova Jersey: New Page Books, 2007.

MAY, C. Edwin. (Editor); MARWAHA, Sonali. Bhatt (Editor). **The Star Gate archives: reports of The United States government sponsored psi program, 1972-1995. Volume 1: Remote Viewing, 1972-1984.** Carolina do Norte: McFarland & Company, Inc., 2018.

MAY, Edwin C.; RUBEL, Victor.; MCMONEAGLE, Joseph W.; AUBARCH, Loyd. **ESP wars east and west: an account of the military psychic espionage as narrated by the key russian an american players.** EUA: Crossroad Press, 2015. [Versão Kindle]

MAYER, Robert A. **The intrigue of the possible.** Bloomington: Authorhouse, 2007.

MAZZONETTO, Ricardo. **Contribuições da Parapsicologia. In: PINCHERLE, Livio. Tulio. (Organizador). Terapia de vida passada.** São Paulo: Summus, 1990. (Novas buscas em psicoterapia. v. 42) pp. 139-157.

MCMONEAGLE, Joseph. **Remote Viewing secrets: a handbook.** EUA: Crossroad Press, 2013. [Versão Kindle]

__________ **Stargate chronicles: memoirs of a psychic spy.** EUA: Crossroad Press, 2013. [Versão Kindle]

MONTEFIORE, Simon Sebag. **Stalin: the court of the red tsar.** Londres: Phoenix, 2004.

MOREHOUSE, David Allen. **Psychic warrior: Inside the CIA's Stargate program: the true story of a soldier's espionage and awakening.** Nova York: St. Martin's Press, 2011. [Versão Kindle]

__________ **Remote Viewing: the complete user's manual for coordinate Remote Viewing.** Boulder: Sounds True, 2008.

MOREL, Hector V; MORAL, Jose Dali. **Diccionario de Parapsicologia.** Buenos Aires : Editorial Kier, 1986.

MORGENTHAU, Hans. **A política entre as nações: a luta pelo poder e pela paz.** Trad. Oswaldo Biato. Brasília: Editora Universidade de Brasília: Imprensa

Oficial do Estado de São Paulo: Instituto de Pesquisa de Relações Internacionais, 2003. (Clássicos IPRI)

OLESON, J. C. Book Review of Harvard and the Unabomber: the education of an american terrorist. Resenha de: CHASE, Alston. Harvard and the Unabomber: the education of an american terrorist. Nova York: W. W. Norton & Company, 2003. **Western criminology review.** Vol. 5, Nº 1. pp. 70-74.

ORLANDI, Eni P. **Análise de discurso: princípios & procedimentos.** 9ª Ed. Campinas: Pontes Editores, 2010.

OSIS, Karlis; MITCHELL, Janet Lee. Physiological correlates of reported out-of-body experiences. **Journal of the society for psychical research**, Nova York, Vol 49(772), pp. 525-536.

OSTRANDER, Sheila; SCHROEDER, Lynn. **PSI: psychic discoveries behind the iron curtain.** Londres: Sphere Books, 1970.

PATENAUDE, Bertrand M. **Trotsky: downfall of a revolutionary.** Nova York: Harper Perennial, 2009.

POPPER, Karl. **The logic of scientific Discovery.** Londres e Nova York: Routledge, 1992.

PREGADIO, Fabrizio (Editor). **The encyclopedia of taoism: a-z.** Londres e Nova York: Routledge, 2008.

PRINGLE, Robert W.; WORONOFF, Jon (Editor). **Historical dictionary of russian & soviet intelligence.** Maryland: Scarecrow Press, 2006.

QUEVEDO, Oscar G. **O que é Parapsicologia.** 37º ed. São Paulo: Edições Loyola, 2011.

RANDI, James. **Flim-Flam! Psychics, ESP, unicorns, and other delusions.** Falls Church: 1982.

RENARD, John. **A historical dictionary of sufism.** Nº 58. Maryland: The Scarecrow Press, 2005. (Historical Dictionaries of Religions, Philosophies, and Movements)

RONSON, Jon. **The men who stared at goats.** Londres: Picador, 2009. [Versão Kindle]

SARAIVA, José Flávio Sombra. **Relações Internacionais – Dois séculos de história: entre a preponderância européia e a emergência americano-soviética (1815-1947).** Brasília, IBIRI, 2001.

SCHNABEL, Jim. **Remote viewers: the secret history of america's psychic spies.** Nova York: Dell Publishing, 2011. [Versão Kindle]

SCOTT, Andrew. **Delphi: the history of the ancient greek sanctuary and home to the world's most famous oracle.** Massachusetts: Charles River Editors, 2017.

SHAH, Idries. **The sufis.** Londres: ISF Publishing, 2016. Audiolivro (1.128 min).

SHAW, Sarah. **Buddhist meditation: an anthology of texts from the pali canon.** Londes e Nova York: Routledge, 2006.

SIMON, Tami (Editor). **The meditation summit: volume 1: deepen and expand your meditation practice with the world's leading teachers.** Louisville: Sounds True, 2016. Audiolivro (502 min).

SMITH, Daz. **CRV – Controlled Remote Viewing: manuals, collected papers & information to help you learn this intuitive art.** EUA: Daz Smith, 2014. [Versão Kindle].

__________ **Remote viewing dialogues: psychic spy veterans of the 23 year military & intel remote viewing programs share their experiences and expertise.** EUA: Daz Smith, 2015. [Versão Kindle]

SMITH, Paul H. **Reading the enemy's mind: inside Star Gate – america's psychic espionage program.** Nova York: Forge Books, 2005. [Versão Kindle]

STEPHEN, Kinzer. **Todos os homens do xá: o golpe norte-americano no Irã e as raízes do terror no Oriente Médio.** Tradução: Pedro Jorgensen Jr. Rio de Janeiro: Bertrand Brasil, 2004.

STHAL, Bob.; GOLDSTEIN, Elisha. **A mindfulness-based stress reduction workbook.** Oakland: New Harbinger Publications, 2010. [Versão Kindle]

STROZZI-HECKLER, Richard. **In search of the warrior spirit: teaching awareness disciplines to the military.** 4ª Ed. Califórnia: Bluesnake books, 2007. [Versão Kindle]

SWANN, Ingo. **Penetration: the question of extraterrestrial and human telepathy.** EUA: Crossroad Press, 2017. [Versão Kindle]

__________ **Star fire: someday the human mind will be the ultimate weapon. Someday is here...** Nova York: Dell Pub. Co., 1978.

TARG, Russel; PUTHOFF, Harold E. **Mind-reach: scientists look at psychic abilities.** Charlottesville: Hampton Roads Publishing Company, 2005. [Versão Kindle]

TURNER, Michael A.; WORONOFF, Jon (Editor). **Historical dictionary of United States intelligence.** Maryland; Toronto; Oxford: The Scarecrow Press, 2006.

TZU, Sun. **A arte da guerra.** Ttradução de james Clavell. São Paulo: Editora Record, 2001.

VALENTE, Nelson. **História da Parapsicologia: e seus métodos.** São Paulo: Editora Panorama, 1997.

WAELDE, Lynn C.; THOMPSON, Jason. M. Traditional and secular views of osychoterapeutic applications of mindfulness and meditation. In: WEST, Michael. A. **The psychology of meditation: research and practice.** Oxford e Nova York: Oxford University Press, 2016.

WARNER, Michael. **The rise and fall of Intelligence: An international security history.** Washington: Georgetown University Press, 2014.

WERBLOWSKY, R. J. Zwi (Editor); WIGODER, Geoffrey (Editor). **The Oxford dictionary of the jewish religion.** Nova York e Oxford: Oxford University Press, 1997.

WEST, A. Michael. **The psychology of meditation: research and practice.** Oxford e Nova York: Oxford University Press, 2016.

WHITE, Rhea A. **Parapsychology today.** Nova York: Cosimobooks, 2015, Kindle Edition. (Psychic Exploration) [Versão Kindle]

WILHELM, Richard. **I ching: o livro das mutações.** Trad. Alayde Mutzenbecher e Gustavo Alberto Corrêa Pinto. São Paulo: Pensamento, 2006.

WILLIAMS, Paul L. **Operation Gladio: the unholy alliance between the Vatican, the CIA, and the mafia.** Nova York: Prometheus Books, 2015. [Versão EPUB]

YORK, Michael. **Historical dictionary of new age movements.** Maryland: The Scarecrow Press, 2004.

YOUNG, Shinzen. **The science of enlightenment: how meditation works.** Boulder: Sounds True, 2016. [Versão Kindle]

## 9.2. SITIOS DE INTERNET

**(S) Grill Flame Protocol (U) (S-Orcon) Amsaa Applied Remote Viewing Protocol (S-Orcon).**Disponível em: <https://www.cia.gov/library/readingroom/docs/CIA-RDP96-00788R001700210083-1.pdf>. Acesso em 05 de junho de 2018.

**"Semana da Asa" em Natal é comemorada com concerto.** Disponível em: <http://www.fab.mil.br/noticias/mostra/1654/"Semana %20da%20Asa"%20em%20Natal%20é%20comemora

da%20com%20concerto>. Acesso em 19 de março de 2018.

**A Comprehensive Research Plan for Anomalous Mental Phenomena.** Disponível em: <https://www.cia.gov/library/readingroom/docs/CIA-RDP96-00789R003100080001-9.pdf>. Acesso em 02 de julho de 2018.

**A Perceptual Channel For Information Transfer Over Kilometer Distances: Historical Perspective And Recent Research.** Disponível em: <http://ieeexplore.ieee.org/document/1454382/>. Acesso em: 10 de janeiro de 2018.

**A Perceptual Channel For Information Transfer Over Kilometer Distances: Historical Perspective And Recent Research.** Disponível em: <https://www.cia.gov/library/readingroom/docs/CIA-RDP96-00787R000500020001-6.pdf>. Acesso em: 10 de janeiro de 2018.

**A Remote Viewing Evaluation Protocol (Declassified).** Disponível em: <https://www.cia.gov/library/readingroom/docs/CIA-RDP96-00788R001800080001-5.pdf>. Acesso em 05 de junho de 2018.

**A Remote Viewing Evaluation Protocol.** Disponível em: <https://www.cia.gov/library/readingroom/docs/CIA-RDP96-00788R001800090001-4.pdf>. Acesso em 05 de junho de 2018.

**Advanced Search | CIA FOIA.** Disponível em: <https://www.cia.gov/library/readingroom/advanced-search-view>. Acesso em: 26 de abril de 2018.

**Aeronáutica divulga concurso no Congresso Nacional de Administração.** Disponível em: <http://www.fab.mil.br/noticias/mostra/8483/CONCURSO%20-%20Aeronáutica%20divulga%20concurso%20no%20Congresso%20Nacional%20de%20Administração>. Acesso em 19 de março de 2018.

**Agentes secretos em Júpiter: por que CIA contratou parapsicólogo lendário?** Disponível em: <https://br.sputniknews.com/americas/201702177708342-cia-pesquisa-secreta-ovnis-jupiter/>. Acesso em 02 de julho de 2018.

**Amsaa S Grill Flame Protocol.** Disponível em: <https://www.cia.gov/library/readingroom/docs/CIA-RDP96-00788R001700210082-2.pdf>. Acesso em 05 de junho de 2018.

**Anomalous Cognition In Lucid Dreams (Draft Technical Protocol).** Disponível em: <https://www.cia.gov/library/readingroom/docs/CIA-RDP96-00789R003100140001-2.pdf>. Acesso em 05 de junho de 2018.

**Appendix I – Suggested Protocol for Operational Remote-Viewing Exercise.** Disponível em: <https://www.cia.gov/library/readingroom/docs/CIA-RDP96-00787R000200130008-0.pdf>. Acesso em 29 de maio de 2018.

**Approval Request For Changes/Additions To Established Inscom Grill Flame Protocol.** Disponível em: <https://www.cia.gov/library/readingroom/docs/CIA-RDP96-00788R001200060017-6.pdf>. Acesso em 05 de junho de 2018.

ÁVILA, Carlos Frederico Domínguez. **O Golpe no Chile e a Política Internacional (1973): ensaio de interpretação.** História (São Paulo), v.33, n.1, p. 290-316, jan./jun, 2014. Disponível em: <http://www.scielo.br/pdf/his/v33n1/14.pdf>. Acesso em 14 de novembro de 2017.

BLUMENTHAL, R. **On the Trail of a Secret Pentagon U.F.O. Program.** Disponível em: <https://www.nytimes.com/2017/12/18/insider/secret-pentagon-ufo-program.html>. Acesso em 16 de fevereiro de 2018.

CARDOSO, Roberto. **Tipos De Técnicas – Parte II. Redepsi - Psicologia.** Disponível em: <http://www.redepsi.com.br/2007/07/18/tipos-de-t-cnicas-parte-ii/>. Acesso em 07 de maio de 2018.

**Center Lane Personnel Spaces.** Disponível em: <https://www.cia.gov/library/readingroom/docs/CIA-RDP96-00788R001700300001-1.pdf >. Acesso em 02 de julho de 2018.

**CIA Drugs, Brainwashing Programme: Inside Story.** Disponível em: <https://www.cia.gov/library/readingroom/docs/CIA-RDP99-00498R000100120130-7.pdf>. Acesso em: 16 de novembro de 2017.

**CIA libera 13 milhões de documentos secretos que incluem relatos sobre óvnis e experiências psíquicas.** Disponível em: <https://www.bbc.com/portuguese/internacional-38666169>. Acesso em 02 de julho de 2018.

**CIA Revelations: Behaviour Control.** Disponível em: <https://www.cia.gov/library/readingroom/docs/CIA-

RDP99-00498R000100100019-3.pdf>. Acesso em 16 de novembro de 2017.

**Contrainteligência.** Disponível em: <http://www.abin.gov.br/atividadeinteligencia/inteligen ciaecontrainteligencia/contrainteligencia/>. Acesso em 16 de novembro de 2017.

**Controlled Offensive Behaviour – USSR.** Disponível em: <https://www.cia.gov/library/readingroom/docs/CIA-RDP96-00787R000100120001-9.pdf>. Acesso em: 15 de janeiro de 2018.

COOPER, H.; BLUMENTHAL, R.; KEAN Kean, L. **Glowing Auras and 'Black Money': The Pentagon's Mysterious U.F.O. Program.** Disponível em: <https://www.nytimes.com/2017/12/16/us/politics/pent agon-program-ufo-harry-reid.html?_r=0>. Acesso em 21 de junho de 2018.

**Co-Ordinate Remote Viewing (CRV) Technology - 1981-1983 - Three-Year Project.** Disponível em: <https://www.cia.gov/library/readingroom/docs/CIA-RDP96-00788R001800100001-2.pdf >. Acesso em 05 de junho de 2018.

**Co-Ordinate Remote Viewing (Crv) Technology: 1981-1983 – Three Year Project.** Disponível em: <https://www.cia.gov/library/readingroom/docs/CIA-RDP96-00788R001800100001-2.pdf>. Acesso em 20 de março de 2018.

**Coordinate Remote Viewing Training Manual.** Disponível em: <http://www.remoteviewed.com/files/CRV%20manual %20full.pdf>. Acesso em 05 de junho de 2018.

COSH, Colby. **Colby Cosh: Looks like UFOs are back. What next, CB radios?** Disponível em:<http://nationalpost.com/opinion/colby-cosh-looks-like-ufos-are-back-what-next-cb-radios>. Acesso em 16 de fevereiro de 2018.

**Countermeasures:  A Survey And Evaluation (U).** Disponível em: <https://www.cia.gov/library/readingroom/docs/CIA-RDP96-00787R000300050001-5.pdf >. Acesso em: 8 de janeiro de 2018.

**David Morehouse.** Disponível em: <http://davidmorehouse.com/>. Acesso em: 01 de maio de 2018.

**David Morehouse. Soundstrue.com.** Disponível em: <http://www.soundstrue.com/podcast/transcripts/david-morehouse.php?camefromhome=camefromhome>. Acesso em 13 de junho de 2018.

**Diário Oficial da União n° 145, sexta-feira, 30 de julho de 2010.** Disponível em: <http://pesquisa.in.gov.br/imprensa/jsp/visualiza/index.jsp?jornal=1&pagina=103&data=30/07/2010>. Acesso em 19 de março de 2018.

**Diário Oficial da União n° 15668, quinta-feira, 5 de novembro de 1992.** Disponível em: <http://pesquisa.in.gov.br/imprensa/jsp/visualiza/index.jsp?jornal=3&pagina=56&data=05/11/1992>. Acesso em 19 de março de 2018.

DUNN, Matthew. **12 million pages of declassified CIA files now online.** Disponível em: <http://www.news.com.au/technology/science/12-million-pages-of-declassified-cia-files-are-now-

available-online-for-everyone-to-view/news-story/dec42351b61b6c5cebdd737064c61672>. Acesso em 19 de março de 2018.Docid-32112987.pdf.Disponível em: <https://www.archives.gov/files/research/jfk/releases/docid-32112987.pdf>. Acessado em: 16 de novembro de 2017.

**El experimento de Harvard que convirtió a un matemático en asesino en serie.** Disponível em: <http://es.gizmodo.com/el-experimento-de-harvard-que-convirtio-a-un-matematico-1775514522>. Acesso em: 16 de novembro de 2017.

**FAB inaugura Quartel-General da I FAE em Parnamirim.** Disponível em: <http://www.fab.mil.br/noticias/mostra/1439/FAB%20inaugura%20Quartel-General%20da%20I%20FAE%20em%20Parnamirim>. Acesso em 19 de março de 2018.

FAERMAN, Justin. **The Man Who Talked To Plants: The Visionary Research of Cleve Backster.** Disponível em: <https://www.consciouslifestylemag.com/cleve-backster-research-plants/>. Acesso em: 29 de novembro de 2017.

**Fantasmagórica Ação à Distância' de Einstein exigiria alta velocidade.** Disponível em: <https://oglobo.globo.com/sociedade/ciencia/fantasmagorica-acao-distancia-de-einstein-exigiria-alta-velocidade-3607720>. Acesso em 27 de março de 2018.

**Formulário de pesquisa avançada em documentos FOIA no sítio da CIA. Advanced Search | CIA FOIA.**

Disponível em:
<https://www.cia.gov/library/readingroom/advanced-search-view>. Acesso em: 01 de maio de 2018.

GOULART, Fernanda Loureiro; VELHO, Léa. **O Discurso da legitimação: a busca pelo espaço acadêmico da psicologia anomalística brasileira.** Tecnologia e Sociedade, Paraná, Vol 9, Núm 18, 2013. Disponível em:
<http://www.redalyc.org/articulo.oa?id=496650340005>. Acesso em: 22 de outubro de 2017.

GRIFFIN, Andrew. **Project Star Gate: CIA Makes Details Of Its Psychic Control Plans Public.** Disponível em: <https://www.independent.co.uk/life-style/gadgets-and-tech/news/project-star-gate-cia-central-intelligence-agency-a7534191.html>. Acesso em 02 de julho de 2018.

**Grill Flame Protocol, Amsaa Applied Remote Viewing Protocol.** Disponível em:
<https://www.cia.gov/library/readingroom/docs/CIA-RDP96-00788R001100080004-9.pdf>. Acesso em 05 de junho de 2018.

**Guidance on MK-Ultra.** Disponível em:
<https://www.cia.gov/library/readingroom/docs/CIA-RDP85B01152R000200240001-1.pdf>. Acesso em 16 de novembro de 2017.

**HACO forma especialistas em endodontia.** Disponível em:
<http://www.fab.mil.br/noticias/mostra/1933/HACO%20forma%20especialistas%20em%20endodontia>. Acesso em 19 de março de 2018.

**Headquarters, Department of the Army. FM 2-22.3 (FM 34-52): Human Intelligence Collector Operations.** Disponível em: <https://www.state.gov/documents/organization/150085.pdf>. Acesso em 1 de novembro de 2017.

**Histórico de Edições de 'Visão Remota".** Disponível em: <https://pt.wikipedia.org/w/index.php?title=Vis%C3%A3o_remota&action=history>. Acesso em 20 de março de 2018.

**Home.** Disponível em: <https://rviewer.com/>. Acesso em: 01 de maio de 2018.

**Human Use Review Of Protocols.** Disponível em: <https://www.cia.gov/library/readingroom/docs/CIA-RDP96-00788R001100110001-8.pdf>. Acesso em 05 de junho de 2018.

**Human Use Review Of Protocols.** Disponível em: <https://www.cia.gov/library/readingroom/docs/CIA-RDP96-00788R001100440016-6.pdf>. Acesso em 05 de junho de 2018.

**Human Use Review Of Protocols.** Disponível em: <https://www.cia.gov/library/readingroom/docs/CIA-RDP96-00788R001100440026-5.pdf>. Acesso em 05 de junho de 2018.

HYMAN, Ray. **Evaluation of Program on Anomalous Mental Phenomena.** Disponível em: <http://www.ics.uci.edu/~jutts/hyman.html>. Acesso em 16 de março de 2018.

**Initial Protocol For Remote Action Interactions With A-Particles.** Disponível em:

<https://www.cia.gov/library/readingroom/docs/CIA-RDP96-00789R003000430001-1.pdf>. Acesso em 05 de junho de 2018.

**Inscom Grill Flame Project Protocol (U)** . Disponível em: <https://www.cia.gov/library/readingroom/docs/CIA-RDP96-00788R001100440060-7.pdf>. Acesso em 05 de junho de 2018.

**INSCOM GRILL FLAME PROJECT PROTOCOL.** Disponível em: <https://www.cia.gov/library/readingroom/docs/CIA-RDP96-00788R001100200003-6.pdf>. Acesso em: 27 de junho de 2018.

**Inscom Grill Flame Project Protocol.** Disponível em: <https://www.cia.gov/library/readingroom/docs/CIA-RDP96-00788R001100200004-5.pdf>. Acesso em 05 de junho de 2018.

**Inscom Grill Flame Project Protocol.** Disponível em: <https://www.cia.gov/library/readingroom/docs/CIA-RDP96-00788R001100440061-6.pdf>. Acesso em 05 de junho de 2018.

**Instituto de Parapsicología.** Disponível em: <http://www.naumkreiman.com.ar/cuadernos.php>. Acesso em: 6 de outubro de 2017.

**INTelligence: Signals Intelligence.** Disponível em: <https://www.cia.gov/news-information/featured-story-archive/2010-featured-story-archive/intelligence-signals-intelligence-1.html>. Acesso em: 2 de novembro de 2017.

LIULEVICIUS, Vegas Gabriel. **Espionage and Covert Operations: A Global History.** Virginia:  The Great Courses, 2011. Disponível em: <http://download.audible.com/product_related_docs/BK_TCCO_000082.pdf >. Acesso em: 2 de novembro de 2017.

**Lyn Buchanan's Controlled Remote Viewing Training.** Disponível em: <http://www.crviewer.com/aboutus.php>. Acesso em: 01 de maio de 2018.

**Mais sobre a "ação fantasmagórica à distância" (agora, do NIST).** Disponível em: <http://scienceblogs.com.br/chivononpo/2015/11/mais-sobre-a-acao-fantasmagorica-a-distancia-agora-do-nist/>. Acesso em 27 de março de 2018.

**Mars Exploration.** Disponível em: <https://www.cia.gov/library/readingroom/docs/CIA-RDP96-00788R001900760001-9.pdf>. Acesso em 26 de março de 2018.

MARTIN, Denise. **Pan African Methaphysical Epistemology: A Pentagonal Introduction. In The Journal of Pan African Studies, vol.2, n. 3, março, 2008.** Disponível em: <http://www.jpanafrican.org/docs/vol2no3/PanAfrican MetaphysicalEpistemology.pdf>. Acesso em 18 de setembro de 2017.

**Memo to Dr. H.E. Puthoff From I. Swann, Consultant, Subject: Work Report.** Disponível em: <https://www.cia.gov/library/readingroom/docs/CIA-RDP96-00792R000100140033-6.pdf>. Acesso em 02 de julho de 2018.

**NSA tapped German Chancellery for decades, WikiLeaks claims.** Disponível em: <https://www.theguardian.com/us-news/2015/jul/08/nsa-tapped-german-chancellery-decades-wikileaks-claims-merkel >. Acesso em: 25 de outubro de 2017.

**Operational Project Protocols.** Disponível em: <https://www.cia.gov/library/readingroom/docs/CIA-RDP96-00789R002900070001-3.pdf>. Acesso em 05 de junho de 2018.

PALMER, John A.; HONORTON, Charles.; UTTS, Jessica. **Reply To The National Research Council Study On Parapsychology.** Disponível em: <https://www.cia.gov/library/readingroom/docs/CIA-RDP96-00789R002200420001-1.pdf>. Acesso em 16 de janeiro de 2018.

**Pesquisa pelo termo "The Coordinate Remote Viewing Manual" nos arquivos da coleção Stargate.** Disponível em: <https://www.cia.gov/library/readingroom/advanced-search-view?keyword=%22The+Coordinate+Remote+Viewing+Manual%22&im_field_collection%5B%5D=50&label=&sm_field_document_number=&sm_field_original_cl assification=&ds_field_pub_date_op=%3D&ds_field_p ub_date%5Bvalue%5D=&ds_field_pub_date%5Bmin %5D=&ds_field_pub_date%5Bmax%5D=&sm_field_c ontent_type=&sm_field_case_number=>. Acesso em 05 de junho de 2018.

**Pesquisa pelo termo "remote viewing" no site da Aeronáutica do Brasil.** Disponível em: <http://www.fab.mil.br/busca>. Acesso em 19 de março de 2018.

**Pesquisa pelo termo "remote viewing" no site da Agência Brasileira de Inteligência (ABIN)** Disponível em: <http://www.abin.gov.br/?s="remote+viewing">. Acesso em 19 de março de 2018.

**Pesquisa pelo termo "remote viewing" no site da Marinha do Brasil.** Disponível em: <https://www.marinha.mil.br/search/node/remote%20viewing>. Acesso em 25 de junho de 2018.

**Pesquisa pelo termo "remote viewing" no site do Exército Brasileiro.** Disponível em: <http://www.eb.mil.br/exercito-brasileiro?p_p_id=3&p_p_lifecycle=0&p_p_state=maximized&p_p_mode=view&_3_struts_action=%2Fsearch%2Fsearch&_3_redirect=%2F&_3_keywords=%22remote+viewing%22&_3_groupId=0 >. Acesso em 25 de junho de 2018.

**Pesquisa pelo termo "Something within which something else originates" nos arquivos da coleção Stargate.** Disponível em: <https://www.cia.gov/library/readingroom/advanced-search-view?keyword=%22The+Coordinate+Remote+Viewing+Manual%22%E2%80%9CSomething+within+which+something+else+originates%E2%80%9D&im_field_collection%5B%5D=50&label=&sm_field_document_number=&sm_field_original_classification=&ds_field_pub_date_op=%3D&ds_field_pub_date%5Bvalue%5D=&ds_field_pub_date%5Bmin%5D=&ds_field_pub_date%5Bmax%5D=&sm_field_content_type=&sm_field_case_number=>. Acesso em 05 de junho de 2018.

**Pesquisa pelo termo "visão remota" no site da Aeronáutica do Brasil.** Disponível em: <http://www.fab.mil.br/busca>. Acesso em 19 de março de 2018.

**Pesquisa pelo termo "visão remota" no site da Agência Brasileira de Inteligência (ABIN).** Disponível em: <http://www.abin.gov.br/?s="visao+remota">. Acesso em 19 de março de 2018.

**Pesquisa pelo termo "visão remota" no site da Marinha do Brasil.** Disponível em: <https://www.marinha.mil.br/search/node/%22vis%C3%A3o%20remota%22>. Acesso em 19 de março de 2018.

**Pesquisa pelo termo "visão remota" no site do Exército Brasileiro.** Disponível em: <http://www.eb.mil.br/exercito-brasileiro?p_p_id=3&p_p_lifecycle=0&p_p_state=maximized&p_p_mode=view&_3_struts_action=%2Fsearch%2Fsearch&_3_redirect=%2F&_3_keywords=%22vis%C3%A3o+remota%22&_3_groupId=0 >. Acesso em 25 de junho de 2018.

**Pesquisa pelo título "manual" nos arquivos da coleção Stargate.** Disponível em: <https://www.cia.gov/library/readingroom/advanced-search-view?keyword=&im_field_collection%5B%5D=50&label=manual&sm_field_document_number=&sm_field_original_classification=&ds_field_pub_date_op=%3D&ds_field_pub_date%5Bvalue%5D=&ds_field_pub_date%5Bmin%5D=&ds_field_pub_date%5Bmax%5D=&sm_field_content_type=&sm_field_case_number=>. Acesso em 01 de junho de 2018.

**Pesquisa pelo título "protocol" nos arquivos da coleção Stargate.** Disponível em: <https://www.cia.gov/library/readingroom/advanced-search-view?keyword=&im_field_collection%5B%5D=50&label=protocol&sm_field_document_number=&sm_field_original_classification=&ds_field_pub_date_op=%3D&ds_field_pub_date%5Bvalue%5D=&ds_field_pub_date%5Bmin%5D=&ds_field_pub_date%5Bmax%5D=&sm_field_content_type=&sm_field_case_number=>. Acesso em: 30 de maio de 2018.

POPKIN, Jim. **Meet The Former Pentagon Scientist Who Says Psychics Can Help American Spies.** Disponível em: <http://www.newsweek.com/2015/11/20/meet-former-pentagon-scientist-who-says-psychics-can-help-american-spies-393004.html >. Acesso em 16 de fevereiro de 2018.

**Proposed Declassification of SRI's Association With CIA: Remote Viewing Investigations.** Disponível em: <https://www.cia.gov/library/readingroom/docs/CIA-RDP96-00791R000200030004-0.pdf>. Acesso em 19 de março de 2018.

**Proposed Grill Flame Protocol (U), Proposed Sri International Applied Remote Viewing Protocol (S).** Disponível em: <https://www.cia.gov/library/readingroom/docs/CIA-RDP96-00788R001300070003-9.pdf>. Acesso em 05 de junho de 2018.

**Proposed Grill Flame Protocol (U). Proposed SRI International Applied Remote Viewing Protocol (S).** Disponível em:

<https://www.cia.gov/library/readingroom/docs/CIA-RDP96-00788R001300070003-9.pdf>. Acesso em 03 de maio de 2018.

**Proposed Grill Flame Protocol, Proposed Inscom Applied Remote Map Sensing Protocol.** Disponível em:
<https://www.cia.gov/library/readingroom/docs/CIA-RDP96-00788R001100200001-8.pdf>. Acesso em 05 de junho de 2018.

**Proposed Grill Flame Protocol, Proposed Sri International Applied Remote Viewing Protocol (S).** Disponível em:
<https://www.cia.gov/library/readingroom/docs/CIA-RDP96-00788R001300070001-1.pdf>. Acesso em 05 de junho de 2018.

**Proposed Grill Flame Protocol.** Disponível em:
<https://www.cia.gov/library/readingroom/docs/CIA-RDP96-00788R002000240040-1.pdf>. Acesso em 05 de junho de 2018.

**Proposed Grill Flame Protocol: Task li (S), Proposed Sri International Protocol For Research On Remote Perturbation Techniques (S).** Disponível em:
<https://www.cia.gov/library/readingroom/docs/CIA-RDP96-00788R001300110001-6.pdf>. Acesso em 05 de junho de 2018.

**Proposed Grill Flame Protocol: Task li, Proposed Sri International Protocol For Research On Remote Perturbation Techniques.** Disponível em:
<https://www.cia.gov/library/readingroom/docs/CIA-RDP96-00788R001300080001-0.pdf>. Acesso em 05 de junho de 2018.

**Protocol For Beacon Person Targeting.** Disponível em:
<https://www.cia.gov/library/readingroom/docs/CIA-RDP96-00789R002100040001-4.pdf>. Acesso em 05 de junho de 2018.

**Protocol, Joint Communications Series.** Disponível em:
<https://www.cia.gov/library/readingroom/docs/CIA-RDP96-00789R002700130008-1.pdf>. Acesso em 05 de junho de 2018.

**Protocols For In-House Proficiency Enhancements And Operational Projects.** Disponível em:
<https://www.cia.gov/library/readingroom/docs/CIA-RDP96-00792R000500590002-7.pdf>. Acesso em 05 de junho de 2018.

**Protocols For In-House Proficiency Enhancements And Operational Projects.** Disponível em:
<https://www.cia.gov/library/readingroom/docs/CIA-RDP96-00789R002600180009-6.pdf>. Acesso em 05 de junho de 2018.

**Protocols For The Use Of Human Subjects.**
Disponível em:
<https://www.cia.gov/library/readingroom/docs/CIA-RDP96-00789R003100130001-3.pdf>. Acesso em 05 de junho de 2018.

PUTHOFF, Harold. E.; TARG, Russel. **Standart Remote-Viewing Protocol (Local targets).**
Disponível em:
<https://www.cia.gov/library/readingroom/docs/CIA-RDP96-00787R000500400001-4.pdf>. Acesso em 26 de junho de 2018.

**Quark.** In: WIKIPÉDIA, a enciclopédia livre. Flórida: Wikimedia Foundation, 2018. Disponível em: <https://pt.wikipedia.org/w/index.php?title=Quark&oldi d=52193535>. Acesso em 27 de maio de 2018.

RABELLO, Ivonete Souza de. **O futuro no passado: estudo sobre os oráculos na obra de Heródoto.** Disponível em: <http://www.teses.usp.br/teses/disponiveis/8/8143/tde -12092013- 115330/publico/2013_IvoneteDeSouzaRabello_VCorr. pdf>. Acesso em 18 de setembro de 2017.

**Radio Tv Reports: Transcript.** Disponível em: <https://www.cia.gov/library/readingroom/docs/CIA- RDP99-01448R000402140001-7.pdf>. Acesso em: 19 de março de 1998.

**Remote Viewing Evaluation Protocol Revised July 1983.** Disponível em: <https://www.cia.gov/library/readingroom/docs/CIA- RDP96-00788R001800050001-8.pdf>. Acesso em 05 de junho de 2018.

**Request For Administrative Review Of Inscom Grill Flame Protocol.** Disponível em: <https://www.cia.gov/library/readingroom/docs/CIA- RDP96-00788R001100200005-4.pdf>. Acesso em 05 de junho de 2018.

**Research Of Anomalous Mental Phenomena Proof-Of-Principle And Protocols.** Disponível em: <https://www.cia.gov/library/readingroom/docs/CIA- RDP96-00789R003000350001-0.pdf>. Acesso em 05 de junho de 2018.

Results Of Records Search For Any Information Re: List Of Names From Book, The Control Of Candy Jones.** Disponível em: <https://www.cia.gov/library/readingroom/docs/CIA-RDP79M00983A001500010020-0.pdf>. Acesso em 16 de novembro de 2017.

ROCHA, Décio.; DEUSDARÁ, Bruno. **Análise de Conteúdo e Análise do Discurso: aproximações e afastamentos na (re)construção de uma trajetória.** Disponível em: <http://www.scielo.br/pdf/%0D/alea/v7n2/a10v7n2.pdf>. Acesso em 25 de abril de 2018.

**Russell Targ - Remote Viewing - Psi - Psychic - Parapsychology Research and Information.** Disponível em: <http://www.espresearch.com/espgeneral/cia.shtml>. Acesso em 19 de março de 2018.

**Schedule Protocol.** Disponível em: <https://www.cia.gov/library/readingroom/docs/CIA-RDP96-00789R001000450005-7.pdf>. Acesso em 05 de junho de 2018.

**Schedule Protocol.** Disponível em: <https://www.cia.gov/library/readingroom/docs/CIA-RDP96-00789R001000330001-4.pdf>. Acesso em 05 de junho de 2018.

SCHNABEL, Jim. **Tinker, Tailor, Soldier, Psi.** Disponível em <https://www.independent.co.uk/arts-entertainment/tinker-tailor-soldier-psi-1598203.html>. Acesso em: 19 de março de 2018.

**Science: The Magician And The Think Tank.** Disponível em:

<http://content.time.com/time/magazine/article/0,9171,944639,00.html>. Acesso em 16 de janeiro de 2018.

**Serviço Regional de Proteção ao Vôo de São Paulo participa de exposição.** Disponível em: <http://www.fab.mil.br/noticias/mostra/1751/Serviço%20Regional%20de%20Proteção%20ao%20Vôo%20de%20São%20Paulo%20participa%20de%20exposição>. Acesso em 19 de março de 2018.

SHERMAN, Harold.; SWANN, Ingo. **An Experimental Psychic Probe of the Planet Jupiter.** Disponível em: <https://www.cia.gov/library/readingroom/docs/NSA-RDP96X00790R000100040010-3.pdf>. Acesso em 26 de março de 2018.

**Standard Remote-Viewing Protocol (Local Targets).** Disponível em: <https://www.cia.gov/library/readingroom/docs/CIA-RDP96-00788R001300050001-3.pdf>. Acesso em 05 de junho de 2018.

**Standard Remote-Viewing Protocol (Local Targets). Sri. Harold E. Puthoff And Russell Targ.** Disponível em: <https://www.cia.gov/library/readingroom/docs/CIA-RDP96-00787R000500400001-4.pdf>. Acesso em 05 de junho de 2018.

**STARGATE | CIA FOIA.** Disponível em: <https://www.cia.gov/library/readingroom/collection/stargate>. Acesso em 22 de junho de 2018.

STUCKEY, William K. Official Circles: Psi on Capitol Hill. **OMNI.** julho, 1979. Disponível em: <http://www.housevampyr.com/training/library/books/o

mni/OMNI_1979_07.pdf>. Acesso em: 05 de março de 2018.

**Suggested Protocol For Operational Remote-Viewing Exercise.** Disponível em: <https://www.cia.gov/library/readingroom/docs/CIA-RDP96-00787R000200130008-0.pdf>. Acesso em 05 de junho de 2018.

**Suggested Protocol For Operational Remote-Viewing Exercise.** Disponível em: <https://www.cia.gov/library/readingroom/docs/CIA-RDP96-00787R000700110017-7.pdf>. Acesso em 05 de junho de 2018.

**Sun Streak Operational Manual, December 1985.** Disponível em: <https://www.cia.gov/library/readingroom/docs/CIA-RDP96-00789R001100020001-7.pdf>. Acesso em 05 de junho de 2018.

SWANN, Ingo. **Remote Viewing the Real Story: An Autobiographical Memoir.** Disponível em: <https://archive.org/stream/IngoSwannmemoir/RemoteViewingTheRealStorymemoirByIngoSwann_djvu.txt>. Acesso em: 22 de junho de 2017.

**Táquion.** In: WIKIPÉDIA, a enciclopédia livre. Flórida: Wikimedia Foundation, 2018. Disponível em: <https://pt.wikipedia.org/w/index.php?title=T%C3%A1quion&oldid=50389965>. Acesso em: 10 de janeiro de 2018.

**Target And Sender Dependencies In Anomalous Cognition (Draft Technical Protocol).** Disponível em: <https://www.cia.gov/library/readingroom/docs/CIA-

RDP96-00789R003100110001-5.pdf>. Acesso em 05 de junho de 2018.

**Target And Sender Dependencies In Anomalous Cognition (Draft Technical Protocol).** Disponível em: <https://www.cia.gov/library/readingroom/docs/CIA-RDP96-00789R003100120001-4.pdf>. Acesso em 05 de junho de 2018.

**Technical Protocol For The Meg Investigation.** Disponível em: <https://www.cia.gov/library/readingroom/docs/CIA-RDP96-00789R003100070001-0.pdf>. Acesso em 05 de junho de 2018.

**Termístor. In: WIKIPÉDIA, a enciclopédia livre. Flórida: Wikimedia Foundation, 2016.** Disponível em: <https://pt.wikipedia.org/w/index.php?title=Term%C3%ADstor&oldid=46422002>. Acesso em: 8 de janeiro de 2017.

**The Intelligence Cycle.** Disponível em: <https://www.cia.gov/kids-page/6-12th-grade/who-we-are-what-we-do/the-intelligence-cycle.html>. Acessado em: 1 de novembro de 2017.

**To The Stars Academy.** Disponível em: <https://dpo.tothestarsacademy.com>. Acesso em 04 de julho de 2018.

**Trip Report - Advanced Training 19 - 23 Mar 84 (U).** Disponível em: <https://www.cia.gov/library/readingroom/docs/CIA-RDP96-00788R001700210003-9.pdf>. Acesso em 02 de julho de 2018.

**Usamicon Program Directive & Protocol On Remote Perturbation Techniques.** Disponível em: <https://www.cia.gov/library/readingroom/docs/CIA-RDP96-00788R002000230006-0.pdf>. Acesso em 05 de junho de 2018.

UTTS, Jessica. **An Assessment of the Evidence for Psychic Functioning.** Disponível em: <https://www.cia.gov/library/readingroom/docs/CIA-RDP96-00791R000200070001-9.pdf>. Acesso em 16 de março de 2018.

VIANA, Rosa Maria. **Paradigmas de Luz: A Parapsicologia no Redimensionamento Científico do Ser Humano.** 2002, 299 f. Tese (Doutorado em Ciências Sociais) – Instituto de Filosofia e Ciências Humanas da Universidade Estadual de Campinas, São Paulo. 2002. Disponível em: <http://repositorio.unicamp.br/bitstream/REPOSIP/280219/1/Viana_RosaMaria_D.pdf>. Acesso em: 22 de outubro de 2017.

WALIA, Arjun. **90,000 Classified CIA Documents Now Available Online: STARGATE and MK-Ultra.** Disponível em: <http://www.theeventchronicle.com/study/90000-classified-cia-documents-now-available-online-stargate-MK-Ultra/#>. Acesso em 25 de abril de 2018.

WEEKS, Linton. **Up Close & Personal With A Remote Viewer.** Disponível em: <https://www.washingtonpost.com/archive/lifestyle/1995/12/04/up-close-personal-with-a-remote-viewer/a0c28792-d7de-4b59-9510-9a73fb23a732/?utm_term=.54f66dcb23a9>. Acesso em: 19 de março de 1995.

**Welcome to the CIA Web Site — Central Intelligence Agency.** Disponível em: <https://www.cia.gov/index.html>. Acesso em 02 de julho de 2018.

**What is Wikileaks.** Disponível em: <https://wikileaks.org/What-is-Wikileaks.html>. Acesso em 25 de outubro de 2017.

**WIKILEAKS.** Disponível em: <https://www.wikileaks.org>. Acesso em: 14 de novembro de 2017.

**WikiLeaks: Dilma, ministros e avião presidencial foram espionados pela NSA.** Disponível em: <https://noticias.uol.com.br/internacional/ultimas-noticias/2015/07/04/wikileaks-dilma-ministros-e-aviao-presidencial-foram-espionados-pela-nsa.htm>. Acesso em: 25 de outubro de 2017.

**Wikipedia contributors, "Meditation," Wikipedia, The Free Encyclopedia.** Disponível em: <https://en.wikipedia.org/w/index.php?title=Meditation&oldid=835491224>. Acesso em 9 de abril de 2018.

9.3. FILMES

**Os homens que encaravam cabras.** Direção: Grant Heslov. Produção: George Clooney, Grant Heslov, Paul Lister. Provedor: Sony Pictures Movies & Shows, 2010. EUA, 2010. Disponível em: <https://www.youtube.com/watch?v=-UWn9sfrNhc>. Acesso em: 26 de março de 2018.

www.ingramcontent.com/pod-product-compliance
Lightning Source LLC
Chambersburg PA
CBHW051432250726
48655CB00001B/17